숲을 꿈꾸며
밀알을 심다 ❷

숲을 꿈꾸며 밀알을 심다 ❷

지은이 | 감경철
펴낸이 | 원성삼
표지디자인 | 한영애
펴낸곳 | 예영커뮤니케이션
초판 1쇄 발행 | 2022년 2월 21일
등록일 | 1992년 3월 1일 제2-1349호
주소 | 03128 서울시 종로구 대학로3길 29, 313호(연지동, 한국교회100주년기념관)
전화 | (02) 766-8931
팩스 | (02) 766-8934
이메일 | jeyoung@chol.com
ISBN 979-11-89887-48-3 (03370)

본 저작물은 저작권법에 의하여 한국 내에서 보호를 받는 저작물이므로
무단 전재와 무단 복제를 금합니다.

값 13,000원

* 이 책의 수익금은 다음세대 교육 선교를 위해 사용됩니다.

모든 인간은 하나님의 형상을 닮은 존귀한 존재입니다. 사람은 인종, 민족, 피부색, 문화, 언어에 관계없이 모두 다 존귀합니다. 예영커뮤니케이션은 이러한 정신에 근거해 모든 인간이 존귀한 삶을 사는 데 필요한 지식과 문화를 예수 그리스도의 사랑으로 보급함으로써 우리가 속한 사회에 기여하고자 합니다.

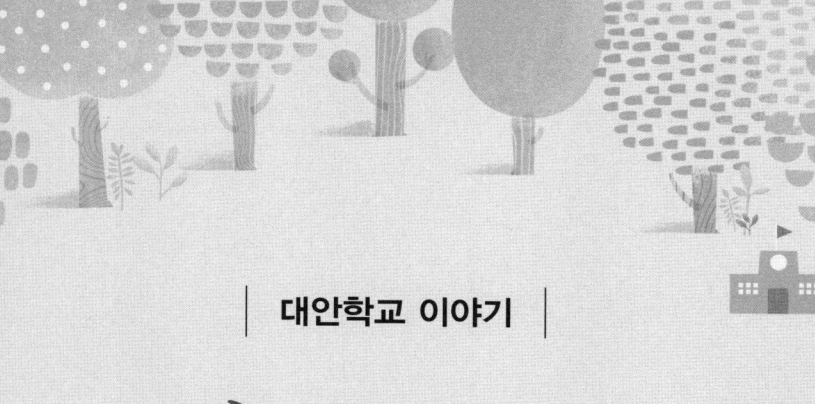

| 대안학교 이야기 |

숲을 꿈꾸며 밀알을 심다 ②

감경철 지음

예영 CTS

추천의 글

이성희 목사
한국교회총연합 증경총회장, 연동교회 원로

　세계가 최첨단 과학에 취하여 '4차 산업혁명'을 앞다투어 말할 즈음 '코로나19'라는 복병이 세계를 강타하였다. 이로 말미암은 '팬데믹'은 눈에 보이는 첨단 과학과 하늘을 찌르는 고층 빌딩을 무색하게 하고, 눈에 보이지 않는 코로나 바이러스에 몰입해 있다. 일상이 된 마스크를 언제 벗을 수 있을지 아무도 예단하지 못한다. 빅 데이터를 통하여 가능해진 로봇이나 인공지능이 하루가 다르게 진보하고 있고, '메타버스'가 대세라고 호언하고 있지만, 이런 과학은 인류를 유토피아로 인도하지 못한다. 최첨단 과학이 인간의 삶에 편의성을 제공할 수 있지만 인간의 근본적인 삶의 질과 인간성의 향상을 책임질 수는 없다.

　인간의 삶의 질과 인간성의 향상은 교육에 달려 있다. '예루살렘이 멸망한 것은 군사력의 부족 때문이 아니라 다음세대를 바르게 가르치지 못했기 때문이다'라는 자성이 끊임없이 랍비들에게서 나왔고 이것이 유대인의 교육으로 승화되었다. 유대인이 오늘날까지 살아남을 수 있었던 것은 재력이나 무력이 아니라 지력과 의지 때문이라고 한다. 이런 유대인의 다음세대 교육이 유대인의 탁월성을 만들어낸 것이다.

오래 전 유학시절 몸에 배도록 듣고 익힌 학문방법론은 상황에 대한 '진단'과 이에 따른 복음적 '처방'과 '치료'였다. 저자인 감경철 회장님은 언론인으로서의 숙련된 경험으로 한국 사회와 세계 조류를 간파하고 그 해답을 찾았다. 『숲을 꿈꾸며 밀알을 심다』 제1권에서 이 시대를 진단했던 저자는 이제 이에 대한 처방을 제시한다. 저자는 그 처방을 조금도 주저하지 않고 기독교 대안학교라고 단언한다. 그리고 CTS기독교TV가 앞장서서 대안학교를 지원하고 있다. 저자는 이제 언론인을 넘어서 교육자로, 대안학교의 대부로 앞을 달리고 있다. 미래 한국을 위한 대안을 찾아 '유레카'를 외치는 저자의 뜻을 공유하기를 기대하며 기쁘게 추천한다.

이철 감독회장
기독교대한감리회 감독회장, CTS기독교TV 공동대표이사

감경철 장로님(CTS기독교TV 회장)은 새벽을 깨우며 기도하시는 새벽기도의 사람입니다. 새벽을 깨울 수 있다는 것은 동트는 햇살을 맞이하고 밝아오는 하루를 준비하는 것을 의미합니다. 새벽에 일어나려면 밤

을 다스려야 합니다. 새벽기도의 사람이라는 것은 밤을 다스리고 하루를 준비하는 영성의 사람이라는 것입니다.

　다음세대라는 주제는 가슴이 벅차오르기도 하면서 아프고 고민이 되는 주제입니다. 영성의 사람, 감경철 장로님께서 그렇게 복잡한 다음세대를 소명으로 받아 교육 선교의 비전을 담아내는 『숲을 꿈꾸며 밀알을 심다 2』를 출간하셨습니다. 기독교 대안학교들을 찾아 발걸음을 옮기며 다음세대를 인도하시는 하나님을 목격한 이야기들로 가득 채워져 있습니다. 다음세대에 대한 아픔은 사라지고 가슴 벅찬 기대만 오롯이 남는 책입니다. 우리나라의 부흥과 발전은 한국 근대 초기 이화학당, 배재학당, 배화학당 등 기독교 학교를 통해 이루어졌습니다. 이 학교들을 빼면 한국 근대 교육을 말할 수 없고, 나라를 세운 인물들을 말할 수 없습니다. 그래서 더더욱 기독교 대안학교 이야기에 귀를 기울이게 됩니다.

　농부이신 하나님께서 가꾸어 주심을 믿고 다음세대를 위한 밀알로 헌신하시는 감경철 장로님. 장로님의 발걸음이 언약의 땅으로 나아가는 다음세대를 지향하는 한, 하나님께서는 어떤 광야에서도 당신의 불기둥과 구름기둥으로 친히 이끌어 주실 것입니다.

"너는 나를 인 같이 마음에 품고 도장 같이 팔에 두라 사랑은 죽음 같이 강하고"(아 8:6 상)

류영모 목사
대한예수교장로회 통합 총회장, 한국교회총연합 대표회장,
한소망교회 위임목사

    이 책은 하나님께서 감경철 회장님과 CTS기독교TV에게 주신 다음세대와 교육 선교의 비전을 그대로 담고 있습니다. 이 책은 우리나라 기독교 대안학교들을 구체적으로 소개하며 그들이 품고 있는 아름다운 비전들을 전해주고 있습니다. 우리가 몰랐던 기독교 대안학교들의 설립과 운영의 이야기를 통하여 이 땅의 다음세대를 향한 하나님의 계획과 비전을 엿볼 수 있었습니다. 특별히 하나님께서 구체적이고 세밀하게 대안학교들을 어려운 시기에도 인도하시고 세워가신 간증들은 우리의 마음을 뜨겁게 합니다.

    글을 읽는 내내 감 회장님의 다음세대를 향한 사랑과 열정을 느낄 수 있습니다. 그리고 이 책을 읽으면 "정말 우리나라 다음세대의 안개와 같은 미래에 빛이 되는 답이 있는가?" 하는 질문에 자신 있게 기독교 대안학교와 기독교 교육이 그 답이라고 말할 수 있습니다.

    역사 가운데 위기가 아니었던 적은 없지만, 지금 우리는 어느 때보다 코로나19로 인해 미래가 불확실한 위기를 살아가고 있습니다. 그러나 이럴 때일수록 교회와 함께 기독교 대안학교가 다음세대에게 희망을 제시할 수 있습니다. 이 책은 코로나19로 안개가 짙어진 세상에 다음세대가 걸어갈 길을 비추어줄 것입니다. 좋은 양서를 출판해 주셔서 다시 한번 감경철 회장님께 깊은 존경과 감사를 드립니다.

배광식 목사
대한예수교장로회 합동 총회장, 대암교회 담임

코로나로 움츠러든 다음세대를 향한 비전이 저의 가슴에 다시 살아 움직임을 느낍니다. 한 영혼 한 영혼 아이들의 영혼을 붙잡고 밤새 눈물로 기도하며 사역했던 과거 전도사 시절을 떠올려 보았습니다. 수많은 교회가 지금은 침체되어 있고 어려움을 겪고 있지만, 본 저서의 어떻게 하면 다음세대를 예수님의 참된 제자로 세워 나갈 수 있을지에 대한 제시가 해답이 되기를 바랍니다. 다음세대를 위해서 오늘도 고군분투하며 땀 흘리는 모든 동역자의 손에 이 이야기가 들려져, 역사상 가장 큰 신앙의 위기 앞에 서 있는 우리 모두가 하나님의 큰 회복을 경험할 수 있기를 기대합니다.

장종현 목사
대한예수교장로회 백석 총회장, 백석대학교 총장

감경철 회장님이 오랫동안 기도하며 준비하신 저서 『숲을 꿈꾸며 밀알을 심다 2』가 출간될 수 있도록 인도하여 주신 여호와 하나님께 감사와 영광을 돌립니다. 또한 생명을 살리는 신앙으로 다음세대를 위해 헌신해 오신 감경철 회장님의 노고가 이처럼 두 권의 책으로 결실을 맺게 된 것을 진심으로 축하드립니다.

　감경철 회장님은 하나님을 사랑하고 말씀에 순종하는 귀한 지도자이십니다. 그의 인생 여정은 "살리는" 일에 집중되어 있습니다. CTS기독교TV가 어려움에 처했을 때 '믿음의 십일조'를 드리는 마음으로 개인의 재산을 희사하며 경영정상화를 이뤄낸 것은 아무나 할 수 없는 큰 헌신입니다. 그뿐 아니라 직접 경영을 책임지시면서 한국 교회를 대표하는 순수 복음방송으로 CTS기독교TV를 성장시켰고, 섬김과 나눔, 세계선교의 사명을 신실하게 감당해오셨습니다.

　무엇보다 어린이와 청소년을 하나님의 말씀으로 세우는 '다음세대 운동'은 감경철 회장님 평생의 사명이었습니다. CTS기독교TV를 통해 영·유아 보육사업, 기독교 대안학교 설립 운동, 다음세대 바로 세우기 등의 다양한 사업을 펼치면서 한국 교회와 대한민국의 건강한 미래를 만드는 일에 앞장서 오셨습니다.

　이번에 펴낸 『숲을 꿈꾸며 밀알을 심다 2』는 바쁘신 중에도 기독교 대안학교를 직접 찾아다니며 대안교육의 철학과 가치, 비전을 나눈 탐방의 결과물입니다. '한 교회 한 학교 세우기 운동'을 펼칠 만큼 기독교 대안교육에 열정을 가진 감 회장님은 공교육의 한계를 극복하고 미래 세대를 바르게 세우는 근본은 바로 성경에 있음을 일찍이 깨닫고 실천하신 분입니다.

　하나님께서는 사람을 통하여 계획하신 일을 성취하십니다. 한국 교회가 감경철 회장님과 같은 귀한 사명자를 만나게 된 것은 참으로 감사한 일입니다.

　『숲을 꿈꾸며 밀알을 심다 2』를 통해 기독교 대안교육 운동이 한국 교회 전체로 확산되길 바랍니다. 이 책은 세상의 지식을 넘어 예수 그리스도의 생명의 복음으로 자녀를 양육하고 싶은 부모님들께도 좋은 가이드가 될 것입니다. 믿음의 다음세대를 세우고 영혼을 살리는 일에 감경철 회장님의 저서가 한 알의 밀알이 되길 바라며 한국 교회 목회자와 성도들 모두에게 기쁜 마음으로 추천합니다.

김정석 감독
기독교대한감리회 서울남연회, 광림교회 담임

 사람은 창조를 통해 자신의 존재를 확인하며, 새로운 만남을 통해 개인과 개인뿐만 아니라 시대와 소통합니다. 창조와 소통은 어느 시대에나 그 시대를 이끌어가는 힘이었습니다. 감경철 장로님의 책 『숲을 꿈꾸며 밀알을 심다 2』는 이러한 창조와 소통에 대한 이야기로 가득 차 있습니다. 한 사람의 열정이 만남을 통해 공동의 꿈을 창조하는 능력이 되며, 개척자의 용기가 모두 함께 걸어갈 수 있는 길을 만들게 됩니다.

 책에 소개된 기독교 대안학교는 하나님이 다음세대를 위해 어떻게 준비하고 계신지를 보여줍니다. 또한, 헌신된 교사를 통해 소명의 가치를 발견하게 되며, 이 시대와 다음세대를 위한 치유의 사역들을 마주하게 됩니다. 교육과 다음세대에 대한 관심은 우리 모두의 가장 중요한 관심이 되어야 합니다. 많은 사람이 참다운 교육에 관해 이야기하지만, 한국의 현실 가운데 교육은 하나의 사업이 되었습니다. 교육의 우선순위가 경제와 투자의 가치가 되었다는 것입니다. 하지만 책에 소개된 학교들은 하나같이 세상의 합리적인 가치를 초월하여 미래를 위해 밀알을 심고 스스로 썩어지는 수고를 아끼지 않습니다. 이러한 헌신이 우리 사회를 더욱 아름답게 하며 밝은 미래를 꿈꾸게 합니다.

그러나 아름다움이 지속되기 위해서는 많은 이들의 관심과 지원이 있어야 합니다. 우리가 서로 함께할 때, 창조적 용기를 만들어내며, 세상의 가치관을 압도하는 그리스도의 가치관으로 세상을 변화시키는 참 교육을 실현해 갈 수 있습니다. CTS기독교TV가 다음세대를 위한 교육 운동 캠페인을 펼치는 이유도 여기에 있습니다. 귀한 글을 담아주신 감경철 장로님께 감사를 드리며, 이 책을 통해 기독교 대안학교에 대한 관심과 섬김이 더 많아지기를 바랍니다.

고명진 목사
기독교한국침례회 총회장,
수원중앙침례교회 담임, 수원예닮학교 이사장

교육의 진정한 의미는 하나님께서 사람에게 주신 재능이 무엇인지 발견하게 하고, 하나님께서 이 땅에 보내신 목적대로 살게 하는 것입니다.

우리나라는 초기 선교사들을 통해 교회와 함께 학교를 통한 교육으로 선교의 터를 다졌습니다. 그 열매를 한 세기가 지난 오늘 우리가 누리고 있습니다. 이제 우리가 새로운 씨앗을 뿌릴 때입니다.

본서는 성경 중심의 기독교 세계관을 바탕으로 다차원교육을 실현하고 있는 기독교 대안학교 현장을 생생하게 담고 있습니다. 하나님의 뜻을 마음에 가득 품은 하나님의 사람을 길러낸다는 것이 얼마나 가슴 뛰는 일인지 모릅니다. 성경 중심의 기독교 세계관을 바탕으로 자라난 우리 아이들이 이루어갈 하나님 나라를 기대하게 만듭니다.

본서를 통하여 기독교 세계관과 성경 중심으로 무장된 다음세대를 꿈꾸는 그리스도인들에게 큰 격려와 도전이 될 것이라고 믿습니다.

지형은 목사
기독교대한성결교회 총회장,
말씀삶공동체 성락성결교회 담임

거룩한 씨앗의 설렘을 품고

기독교 신앙은 진리를 가르쳐 지키게 하는 데 있습니다. 예수 그리스도께서 승천하시면서 주신 명령, 마태복음 28장 20절이 바로 그 내용입니다.

"내가 너희에게 분부한 모든 것을 가르쳐 지키게 하라!"

일반적으로 말한다고 해도 인간 역사에서 가장 중요한 것이 고귀한 가치를 가르쳐서 그 가르침대로 살게 하는 것입니다. 여기에 사람됨이 걸려 있습니다. 특히 자라는 세대를 위하여 이 일을 하는 것은 미래를 열어가는 헌신입니다.

창조 이래 가장 중대하고 위대한 명령이 하나님의 말씀을 가르쳐 지키게 하는 것입니다. 여기에 그리스도인 됨과 그리스도인답게 사는 것이 걸려 있습니다. 그리스도의 몸인 교회가 서느냐 넘어지느냐의 승패가 이 일에 걸려 있습니다.

인간사에서 가장 악한 것이 사람의 정신에 올바르지 못한 것을 지속적으로 주입해서 믿게 하는 세뇌(洗腦)입니다. 갖고 있던 생각을 잊게 하고 특정한 사상 따위를 인위적으로 주입시켜 그것을 따르게 하는 것입니다. 히틀러의 나치제국, 일본의 군국주의, 유물론의 공산주의, 이단 집단의 왜곡된 비인간적 종교 신념 등이 그런 경우입니다.

특히 자라는 세대의 정신을 세뇌하면 무서운 결과가 발생합니다. 악명 높은 저 히틀러 유겐트가 대표적인 본보기입니다. 이 단체는 1922년에 창설되었고, 1934년 말에는 독일 전역의 모든 청소년이 이 단체에 가입되면서 구성원이 350만 명을 넘었습니다. 10세부터 21세까지의 남녀로 구성된 이 젊은이들에게는 '피와 명예'(Blut und Ehre)라는 글귀가 새겨진 단검이 지급되었습니다. 나치는 가족애를 당을 위한 충성으로 세뇌했고 이 단검으로 부모에게 대든 사례들도 있었습니다.

기독교 신앙에 뿌리를 두고 자라는 세대를 교육하는 기독교 대안학교 운동이 통속적인 성공과 이기적인 자기 성취에 매몰된 세속주의 교육을 넘어서기를 바랍니다. 이 책이 그런 일에 영감을 주기를 바랍니다. '거룩한 씨앗의 설렘을 품고' 대안학교에 헌신하는 모든 이에게 주님께서 주시는 용기와 지혜가 넉넉하기를 기도합니다.

김운성 목사
영락교회 담임, 대광학원 이사장

우리나라에 복음이 들어온지도 이제 십수 년만 지나면 한 세기 반이 됩니다. 당시 선교사들은 한 교회 한 학교 운동을 전개했습니다. 많은 교회가 규모에 연연하지 않고 학교를 세워 믿음의 자녀를 키워 나갔습니다. 그 결과 근대 한국 교회의 대부분을 기독교 학교가 책임지게 되었고, 지금도 우리나라에 사학이 다수를 차지하고 있고, 그중에서도 기독교 학교가 다수를 점하고 있는 이유입니다.

그러나 근간에 오면서 공교육은 사교육에 자리를 내준 채로, 형식적 틀만 제공하고 있습니다. 게다가 사학법이 계속해서 개정되면서 사학의 건학 이념을 살리고, 학생들의 자기 개발을 돕는 교육을 증진하는 방향으로 나가는 것이 아니라, 오히려 그 반대로 가고 있습니다. 이미 사학의 학생선발권, 교과과정 편성권, 등록금 결정권 등이 사라졌을 뿐만 아니라, 지난 해 8월에는 교사임용권에도 심각한 위협이 되는 개정안이 통과되었습니다. 기독교 학교는 더 이상 신앙교육을 제대로 시키기 어려운 처지에 있습니다.

이런 상황에서 떠오른 것은 대안학교입니다. 그동안 대안학교는 제도권 밖에 있었지만, 이제는 어느 정도 인정을 받을 수 있는 법체계가 마련되고 있습니다. 물론 이런 법이 향후에 또 다른 족쇄가 될까 염려가 되지만, 현재로서는 그나마 내실 있고 자유로운 교육을 할 수 있는 방법이 대안학교라고 여겨집니다.

감경철 회장님께서 이 일에 지대한 관심을 가지시고, CTS기독교TV가 사명감을 가지고 대안학교를 위한 일을 하고 있는 데 대해 사의를 표하면서, 대안학교 이야기들을 담은 저서를 펴내신 데 대해 감사드립니다. CTS기독교TV의 영향력을 통해 한국 교회 안에 대안학교에 대한 관심과 참여가 확장되는 데 이 책이 요긴할 줄 믿습니다.

이재훈 목사
사학법인미션네트워크 이사장, 온누리교회 담임

하나님 나라의 선교는 수평적 선교와 수직적 선교로 이루어진다. 수평적 선교는 전통적인 전방 개척 선교를 통해 이루어지고, 수직적 선교는 기독교 교육을 통해 이루어진다.

대한민국의 근대화와 선진화의 이면에는 많은 기독교 사학들의 헌신이 있었다. 평준화 정책 이후 계속되는 사학의 자율성 제한 정책들로 인해 기독교 사학들은 그 영향력을 잃어버리고 있다. 그러나 새롭게 시작된 기독교 대안학교 운동은 기독교 사학의 사명을 이어받아 그 사역을 이어가고 있다.

과학기술의 발전에 맞춘 영재교육보다 더 중요한 것은 기독교 세계관에 입각한 공동체 교육이다. 이는 기존의 교육 시스템으로는 이루어질 수 없는 것이다. 기독교 대안학교들은 각 학교마다 고유한 창의적인 교육철학과 제도를 통해서 이 시대에 꼭 필요한 교육의 사명을 이어가고 있다. 교회의 일꾼을 길러낸다는 것이 아니라 시대의 일꾼을 길러내고 있다는 말이다. 하나님의 대학을 표방하는 한동대학교에 진학하고 있는 기독교 대안학교 졸업생들의 학업 성취도와 공동체 의식은 일반 학교 졸업생들보다 훨씬 더 높은 것이 이를 증거하고 있다.

CTS기독교TV가 다음세대를 위해 기독교 방송으로도 사명을 다하면서, 기독교 대안학교 이야기를 묶어 책으로 펴낸 것은 매우 귀한 일이다. 일반 사회에는 잘 알려지지 않은 학교들일지 모르지만 대한민국을 새롭게 하는 매우 소중한 학교들이다. 앞으로 시간이 흘러갈수록 이 학교들은 더 빛을 발할 것이다.

귀한 책을 펴내신 감경철 회장님께 감사드리며 CTS기독교TV의 귀한 사역에 박수를 보내드리며 많은 분들의 일독을 추천한다.

김승욱 목사
한국대안교육기관연합회 이사장, 부산나드림학교 교장

기독교 교육은 잘 가르치는 데 있는 것이 아니라 같이 잘사는 데 있다. 예수님께서 제자들과 같이 살면서 가르치셨던 것처럼 삶으로 보여주자고 한다. 그리스도 예수의 마음을 품고(빌 2:5), 마음을 같이하여 같은 사랑을 가지고 뜻을 합해 한마음을 품어서(빌 2:2), 우리의 섬김을 아이들이 직접 보고 배우게 하자고 한다. 개인이 잘되는 것이 아니라 함께 봉사를 배우고 희생을 보게 할 때 다음세대가 함께 주님의 뜻을 이루지 않겠는가? 다른 사람의 부족한 것을 보면 도와주자고 강조하는 학교, 잘 배워서 남 주자고 가르치는 학교는 기독교 대안학교 현장에서만 볼 수 있다. 코로나19로 모든 일상생활이 뒤바뀐 지금 이제 와서 경제학자들이 더불어 함께 살자고 커먼즈(commons) 플랫폼이나 협동조합을 만들어서 소유보다는 가치를 나누자고 한다.

그나마 다행이다. 그동안 한국대안교육기관연합회에 속한 기독 대안학교 학생들은 꾸준하게 정기적으로 다양한 대내외적인 봉사활동을 해왔다. 해마다 계절따라 농어촌봉사 활동으로, 해외에서는 난민 아이들과 산지족 아이들을 위해 1~3개월씩 같이 뒹굴며, 특히 아프리카에서는 함께 텐트생활을, 문화사역으로는 퀴어 행사에 대항하여 레알러브축제에 단골 출연자로 섬긴다. 부르는 곳이 있으면 어디든 달려간다.

졸업 후 대학생활이나 사회생활 그리고 알바 자리에서도 리더십을 발휘한다. 우리 기독교 대안학교에서 배웠던 기독교 세계관으로 은사로 주신 나눔과 섬김으로 나눌 줄 아는 우리 다음세대 아이들의 현주소이다.

이와 같은 이야기가 담겨있는 책을 이번 CTS기독교TV에서 두 번째로 발간하게 되어 진심으로 감사드린다. CTS기독교TV의 다음세대 기독교 학교 운동을 통하여 더불어 함께 가는 교육공동체가 회복될 줄 믿는다.

차례

추천의 글 · 4
프롤로그 · 23

역시 기독교 대안학교가 답이다
그래서 다시 학교를 방문했다

소명교육공동체(소명학교) 28
"아이들의 눈물을 닦아주는 그런 교사가 되고 싶습니다"
학교가 교회를 섬기다
신앙과 대학입시를 저울대에 올린다면?

어깨동무학교(건물 없는 학교) 44
어깨동무학교는 어떤 학교인가?
어깨동무학교는 어떻게 가르치는가?
어깨동무학교는 무엇을 가르치는가?
어깨동무학교 교과과정
어깨동무학교 이야기
학교를 그리라면 한반도를 그리는 아이들
"우리 애가 대학 갈 수 있습니까?"

알아보기 덴마크 자유학교 78

늘사랑기독학교(10년의 기도와 준비로 세운 학교)　　　⋯⋯⋯⋯ 82
교회와 학교와 가정이 하나 되어
모든 교사가 선교사의 마음으로
전 세계로 흩어지라
경험과 정보를 공유하라

폴앤다니엘학교(건강한 학교)　　　⋯⋯⋯⋯ 94
"네가 낫고자 하느냐?"
오직 기도 밖에는
7년이 7일 같아요
비전

카라크리스천스쿨　　　⋯⋯⋯⋯ 109
예수님의 제자를 길러내는 학교
너, 하나님의 사람아
목자의 심정으로 준비하다

엘비오티(LboT) 기독혁신학교(연구 중심의 학교)　　　⋯⋯⋯⋯ 121
엘비오티(LboT)의 모태, "백 권(100권) 캠프"
"들순"과 "순들"
진새골 공동체
영성과 지성의 양 날개

알아보기 덴마크 자유교원대학(DFL) ·············· 134

꿈의학교 ·············· 138
"하나님의 꿈"을 실천하는 교육 마당
꿈의 공간을 돌아보며
정말 넘을 수 없는 벽인가?

WMS(Way Maker School : 새로운 길을 만드는 학교) ·············· 152
새로운 길을 찾아서
인생의 성공을 어떻게 정의할 것인가?
미래대학을 꿈꾸며

IT비전학교(IT기독학교) ·············· 166
저는 아직도 꿈을 꿉니다
미래의 주역을 길러내는 IT비전학교
미래를 준비하다—메타버스 플랫폼 구축
IT비전학교의 자랑거리

알아보기 해크먼 교수 이론과 출산율 증가 ·············· 177

베일러국제학교 180
기적의 학교
먼저 담을 허물라
배움은 나눔
대학 진학

커버넌트스쿨 197
다음세대를 선교사로
스마트 시대를 살아가는 아이들

알아보기 벨류시티 코딩교육 210

CTS기독교TV가 바라는 다음세대 비전

'CTS다음세대운동본부'와 함께 214

에필로그 · 220

프롤로그

코로나19 안개가 자욱하여 대안학교 탐방을 망설였습니다. 그러나 우리는 예정대로 진행했습니다. 곧 걷히겠지 했던 안개는 더욱더 짙어졌습니다. 잠시 안개가 엷어질 때도 있었지만 다시금 짙어졌습니다. 믿는 사람에게나 믿지 않는 사람에게나 코로나19는 거의 코페르니쿠스적 전환을 경험하게 했습니다.

거리두기, 비대면 예배, 온라인 수업 등이 진행되는 가운데 사람들은 포스트 코로나 시대를 이야기했습니다. 비대면 수업을 통해 이 다음세대의 미래 교육의 방향성은 이미 제시되었습니다. 온라인 교육은 4차 산업혁명과 맞물려 우리 곁에 바짝 다가온 것입니다. 이에 대해 누군가는 긍정적인 이야기를 쏟아냈고, 누군가는 부정적인 이야기를 쏟아냈습니다. 그러나 지금은 탁상공론을 할 시기가 아닙니다. 또 네 탓이니 내 탓이니 따질 때도 아닙니다. 세상은 급변하고 우리의 발걸음도

빨라져야 하기 때문입니다. '한 교회 한 학교 세우기'의 중요성은 이미 확인되었습니다. 이제 우리가 할 일은 다음세대가 걸어갈 길을 비추는 것입니다. 시대가 어두울수록, 안개가 짙을수록 빛이 절실합니다.

다음세대는 디지털 네이티브 세대(Digital Native Generation: 태어날 때부터 디지털기기 속에서 자란 세대를 뜻함)입니다. 이 아이들에게는 기존의 경계가 무의미합니다. 이 아이들에게 입시 위주의 지식을 들이붓는 것은 만지기만 해도 겉이 부서지는 말라비틀어진 빵을 먹으라고 강요하는 것과 다름없습니다. 이 아이들에게 디지털은 더이상 사물이 아닙니다. 이제 미래 학교와 IT는 결코 분리될 수 없습니다. 미래 교육은 곧 디지털혁명이고, 4차 산업혁명입니다. 따라서 어른 세대가 아이들의 디지털기기 사용을 금기시해서는 안 됩니다. 오히려 스마트 교육의 약점을 빨리 파악하고 보다 인격적이고 쌍방향적인 학습과 신앙교육을 제시해야 합니다. 기독교 교육도 마찬가지입니다. 시대상 그 도구(tool)만 바뀌었을 뿐 영성과 근본정신은 이미 130여 년 전과 동일합니다. 이제 다음세대에게는 썩지 않고 마르지 않는 말씀의 빵을 먹여야 합니다. 이 민족과 한국 기독교도 그 빵을 먹고 치유되고 지금까지 성장해왔기 때문입니다.

아직도 코로나19는 우리 곁을 떠나지 않고 있습니다. 집단감염과 관련하여 교회와 여러 기독교 기관이 이처럼 자주 언론에 오르내렸던 적이 있을까요? 또 이처럼 곱지 않은 시선을 많이 받은 적이 있을까요? 이로 인해 우리의 도전이 잠시 주춤하긴 했으나, 막상 학교 현장을 방문해보니 언론에는 노출되지 않은 긍정적인 소식을 많이 전해 들을 수 있었습니다. 예컨대 우리가 방문했던 많은 학교가 공통으로 했던 말은 코로나19로 인해 기독교 대안학교의 존재 의미가 더욱더 확실해졌다는 것이었습니다. 코로나19 이전부터 진행하던 온라인 교육이 빛을 발하면서 오히려 온라인 비대면 수업을 낯설어하던 일반학교 교사들에게 도움을 주는 학교도 있었습니다. 이런 말을 들을 때에는 자부심마저 느껴졌습니다.

우리가 학교를 방문하던 시기에 '대안교육 기관법'이 국회에서 통과되었다는 소식을 들었습니다(2020년 12월). 이제 비인가 대안학교도 법적 보호를 받을 수 있게 되었으니 반가운 소식입니다. 물론 이것은 단지 시작일 뿐 구체적인 협의를 위해서 아직도 갈 길이 멀지만, 우리의 행보에 이번보다는 훨씬 많은 힘이 실릴 것입니다. 공교육이나 대안교육이나 공통된 목표는 다음세대를 위한 교육입니다. 그리고 이 둘은 절대 서로 적대관계가 아닙니다. 각자의 소신에 따라 각자의 길을 가고 있을 뿐입니다. 비유컨대 공교육이 너른 길이라면 대안학교는 오솔길입니다. 때로는 이 길이 곁길이 될 수도 있고, 지름길이 될 수도 있습니다. 누군가 지나간 길이 될 수도 있고, 전혀 가지 않은 낯선 길이 될 수도 있습니다. 다만 이 가운데 어떤 길이 되었든 그 길을 가기 원하는 사람들을 모으고 함께 행군할 뿐입니다.

이제 이러한 학교들에 대한 구체적인 소개와 그들이 품고 있는 공통된 비전을 풀어내고자 합니다. 『숲을 꿈꾸며 밀알을 심다』에 이어 두 번째 책입니다. 첫 번째 책에서 "이 시대를 진단하라"라고 촉구했다면,

이 책에서는 "이 시대를 치료하라"라고 말하고 싶습니다. 『숲을 꿈꾸며 밀알을 심다』에서 기독교 대안학교에 대한 전반적인 흐름을 스케치했다면, 『숲을 꿈꾸며 밀알을 심다 2』에서는 다양한 색을 칠했습니다. 우리 팀이 방문했던 학교들이 저마다 개성 있고 강한 색채를 발했기 때문입니다.

특히 드라마보다 극적인 학교 설립 이야기를 들을 때에는 마음이 뜨거워졌습니다. 그분들의 간증을 통해 하나님이 다음세대를 어떻게 인도하시는지 볼 수 있었습니다. 또 하나님이 다음세대를 위한 우리의 행함을 얼마나 기뻐하시는지 깨달았습니다. 이 책 역시 현장에서 만난 여러분과의 대화, CTS기독교TV가 촬영한 영상, 기타 자료를 녹여낸 후 그것을 하나님이 주신 다음세대를 향한 소명과 비전의 틀에 부었습니다. 독자의 편의를 위해 일인칭으로 서술했습니다.

"기독교 대안학교가 답이라는 확신이 있는가?"라고 묻는다면, 저는 "그렇다!"라고 자신 있게 답할 것입니다. 또 이 길을 계속 갈 의지가 있느냐고 묻는다면, 역시 "그렇다!"라고 답할 것입니다.

CTS기독교TV 회장 감경철

역시 기독교 대안학교가 답이다
그래서 다시 학교를 방문했다

소명교육공동체
소명학교

"역시 기독교 대안학교가 답입니다."

"아이들의 눈물을 닦아주는 그런 교사가 되고 싶습니다"

• • •

소명교육공동체(소명학교)는 2012년 경기도 용인시 수지구 동천로에 설립한 비인가 기독교 대안학교다. 약 4천여 명의 좋은교사운동 회원교사와 학부모가 연합하여 학교를 설립했다. 특정 교단이나 교회에 소속되어 있지 않다. 현재 신병준 교장 선생님을 중심으로 교사 40여 명과 학생 210명이 하나님이 주신 꿈을 이루어 가고 있다.

소명학교의 설립 이야기는 신병준 교장 선생님의 간증 이야기와 맥을 같이 한다.

"저는 섬에서 태어났습니다. 저의 어머님과 아버님은 장애인이십니다. 청각장애, 언어장애를 지닌 농인이셨지요, 제가 두 살 때 아버지께서 돌아가셨습니다. 동료 어부 8명과 고기잡이하시다가 태풍을 만나서 모두 같이 떠나셨지요.

말 못하시는 어머니가 저희를 양육하셨는데 너무도 힘든 고난의 시간이었지요. 초등학교 2학년 때, 어느 초가집에서 예배를 드리게 되었지요. 목사님이 따로 계신 것도 아니고 평상에도 앉고, 마루에도 앉고, 멍석에도 앉아 예배를 드렸습니다. 그때 요한복음 3장 16절이 저를 바꾸어 놓았습니다. 그래서 오늘날 이렇게 아이들을 가르치고, 감 회장님도 만나고…."

교장 선생님의 이야기는 이어졌다.

"제가 학비를 내지 못한 적이 있습니다. 저희 학급 아이들이 한 80명 되었는데 저만 학비를 못 냈지요, 그런데 선생님이 그 많은 친구 앞에서 제게 '내일부터는 학교 나오지 마라'라고 말씀하셨습니다. 그래서 하나님께 이렇게 기도했습니다.

'하나님, 저는 훌륭한 교사가 되고 싶습니다. 아이들의 눈물을 닦아주는 그런 교사가 되고 싶습니다.'"

하나님은 이 기도를 기억하셨고, 응답하셨다. 아마도 이 기도가 소명학교의 시작이었을 것이다.

그 후 교사가 된 신병준 교장 선생님은 공교육을 포함하여 26년간 교육에 몸을 담았다. 그리고 이 땅에 정말 필요한 것은 성경 중심으로, 성경적 세계관으로, 성경적 관점에서 모든 교과를 통합해 가르칠 수 있는 학교를 꿈꾸었다. 그리고 이와 같은 마음을 품은 기독 교사들이 함께 모였다. 우리 한국 교육을 말씀 중심, 예수님 중심으로 세우겠다는 각오로 '기독교사연합'이라는 단체가 탄생했다. 이어 '좋은교사운동'으로 바뀌었다.

'좋은교사운동'은 "기독 교사를 깨워 좋은 교사로 세우고 기독교적 운동을 전개함으로써 복음으로 다음세대를 책임지고 국민에게 희망을 주는 교직 사회를 만들며 교육과 사회를 새롭게 하고자 하는 기독 교사 단체연합 운동이다."

이런 운동이 시작되던 도중에 '샘물중학교'가 설립되었고, 초대 교장 선생님으로 초빙되었다. 이로 인해 신 교장 선생님은 28년간 살았던 전주를 떠나 분당으로 오게 되었다. 샘물중학교의 교장 선생님으로 섬기면서 한 교회가 세운 한 학교가 잘되어가는 과정을 보면서 새로운 소명의식을 갖게 되었다. 샘물중학교 하나로 끝날 것이 아니라 더 많은 기독교 대안학교가 세워져야 한다는 것이다. 주변에서도 많은 호응이 있었다. 이러한 과정을 통해 소명학교가 탄생했다.

소명학교는 특정 교회나 아니면 특정 성도의 후원 때문에 세워진 학교가 아니다. 가진 것이 많지 않은 기독 교사 8명이 마치 "삼국지에 등장하는 도원결의하듯" 모여 학교를 세우기로 결의했다. 그리고 이 땅의 아이들을 성경적 세계관으로, 예수님 중심으로 키워내는 학교를 만들기 위해 함께 기도했다. 그러자 신 교장 선생님이 속해 있던 '성서교육회'(성경에 기초한 교육을 통해 성서한국·세계선교를 이루고자 하는 성서교사운동)로부터 연락이 왔다.

학교 설립을 위해 기도하고 있다는 소식을 들었다며 2011년 8월 1일에 2천만 원을 보냈다. 그전까지만 해도 기도는 계속했지만 이렇다 할 진전이 없었다. 그리고 하나님이 이러한 방법으로 도와주시리라는 생각도 못했다. 이 2천만 원은 소명학교 설립의 종잣돈이 되었다. 왜 이 땅에 기독교 학교가 필요한지를 A4용지 3매에 담아 400여 개 교회에 보냈다. 그리고 홈페이지를 통해서도 홍보를 시작했다. 여러 교회를 다니며 입학설명회도 했다. 용인시 동천동에 소재한 염광교회의 경우 서너 번씩이나 입학설명회 자리를 마련해 주었다. 그뿐 아니라 '소명중고등학교 설립사무소'로 쓸 수 있는 공간을 무상으로 제공해주었다.

10명 미만으로 시작하는 기독교 대안학교가 대다수지만 소명학교의 경우 60명으로 시작했다. 사실 설립 교사 8명은 "월급 20만 원만 받아도 가자! 학생이 10명만 와도 가자!"라며 오직 믿음으로 나아갔다. 그런데 60명이나 되는 아이들이 온 것이다. 그 이후 소명학교 교사들은 급여가 많지는 않아도 한 번도 급여를 거른 적이 없다. 하나님이 모두 먹이시고, 재우시고, 입혀주시며 여기까지 인도하셨다.

교장 선생님을 포함하여 안산동산고등학교, 숭실고등학교(서울) 등 미션스쿨에서 교사를 하다가 사표를 내고 이 학교로 왔다. 이것은 곧 향후 연금이나 윤택한 생활을 모두 포기했다는 것을 의미한다. 오로지 아이들을 예수님의 제자로 키우겠다는 일념에서 내린 결단이다.

교장 선생님이 이들에게 말했다.

"선생님들의 믿음과 결단은 아주 감동적이지만 걱정이 하나 있습니다. 재정이 염려됩니다."

그러나 필요한 재정은 모두 하나님이 채워주셨다. 현재 교사 수는 40~50명이며, 학부모들도 강사로, 급식으로, 셔틀버스로 다양하게 섬기고 있다. 학교 설립으로 인한 새로운 일자리의 창출이라는 면도 배제할 수 없다. 현재 취업난에 허덕이는 청년들에게 어느 정도 희망을 주지 않을까?

예컨대 많은 자산을 소유한 그리스도인들이 이 세상을 떠나면서 재산을 다음세대를 위해 남긴다면 어떻게 될까? 즉 하나님의 축복으로 모인 재산을 기독교 대안학교 설립을 위해 드린다면 청년 그리스도인들이 교사가 되어 다음세대를 섬길 수 있지 않을까? 기독교 대안학교의 설립이 누군가에게는 일터가 되고, 누군가에게는 배움의 터가 될 수 있다.

학교가 교회를 섬기다

● ● ●

"제가 제일 궁금한 것은 감 회장님께서 '기독교 대안학교가 답이다'라는 마인드를 갖게 된 것에는 어떤 계기가 있었는지… 사실 저희가 회장님 책을 열 권 가까이 구매해서 팀장 선생님들과 함께 다 읽었습니다."

우리 팀을 반갑게 맞이해주신 신병준 교장 선생님의 첫 마디였다.

인구감소의 심각성과 한국 교회의 미래에 관해 이야기하면서 한마디 덧붙였다.

"책에 나온 내용도 그렇지만 회장님의 말씀에 저는 백 퍼센트 공감합니다. 그리고 여기 앞에 있는 우리 정승민 선생님, 교사 대표이신데 아들만 셋 있어요. 첫째가 소명학교 7학년에 재학 중입니다."

소명학교는 올해 7회 졸업생을 배출했다. 신 교장 선생님은 졸업식 훈화에서도 이렇게 말했다.

"너희들 가운데 3명 이상은 결혼해서, 3명 이상의 자녀를 낳아야 한다."

이 말에 모두가 잠시 웃음을 터뜨렸지만, 사실은 다음세대와 인구문제가 얼마나 심각한지를 반증하는 이야기다. 그리고 이 말에는 제자들의 자녀들이 다시 소명학교에 입학하는 것을 보고 싶다는 교장 선생님의 간절한 꿈이 담겨 있다.

신병준 교장 선생님, 정승민 선생님과 함께

한국 교회의 미래가 다음세대에게 달려 있다는 사실은 갈수록 명확하게 드러난다. 10년, 20년 전만 해도 인구감소니, 다음세대니 하면 귀 기울이는 사람이 드물었다. 그러나 지금은 한국 교회에 비상이 걸렸다고 할 정도로 미래의 존립 여부를 걱정한다. 그리고 어떻게 하면 다음세대를 끌어안을지, 섬길지, 가르칠지 고민하고 있다.

소명학교는 이러한 한국 교회의 과제를 풀어나가는 데 앞장서겠다는 열정을 품고 있었다. 교장 선생님은 아이들의 영국 대학 진학 문제로 네 차례에 걸쳐 영국을 방문했다. 이곳저곳을 방문하면서 외관이 아름다운 영국 교회를 보았다. 그러나 안타깝게도 그 아름다운 교회가 관광지가 되어버리고, 노인 몇 명만 예배를 드리고 있는 광경을 보았다. 한때 중국 선교의 문을 열고 세계선교를 주도했던 영국 교회가 쇠락의 길에 접어든 것이다.

아이들과 함께 어느 교회에서 예배를 드리고 간증도 했다. 저 멀리 지구 반대편에서 온 한국 아이들이 영어로 찬양하고, 영어로 간증할 때 영국인 할아버지, 할머니들이 눈물을 흘리시는 것을 보고 아마도 당신들의 손자, 손녀가 예수님도 모르고 교회 안에도 없다는 사실 때문이 아닐까 생각했다. 그러나 그것은 영국만의 문제로 끝나지 않을 것이 분명했다. 한국 교회 역시 이대로 가다가는 영국과 같은 길을 걷게 될 것이 뻔하기 때문이다. 바로 이 사실이 모두의 마음을 아프게 했다. 1866년 토마스 선교사가 이 땅에 와서 500여 권의 성경을 나누어 주고 순교했다. 그의 피가 이 땅을 살렸으니 이제 너희가 영국을 살려야 하지 않느냐는 성령의 음성을 듣고, 영국으로 선생님 한 분을 파송하는 것으로 생각을 실천하게 되었다.

국내에서는 또 다른 방식으로 교회를 섬기고 있다. 하나님이 주신 학교 건물을 교회를 개척하려고 하는 목회자들에게 무상으로 공간 제공을 하고 있다. 예배 처소를 마련해서 나갈 수 있을 때까지 일종의 인큐베이터를 제공하는 것이다. 공간뿐만 아니라 전기세, 수도세 등도 다 학교에서 낸다. 지금까지 7개 교회가 소명학교에서 예배를 드렸고, 그중에 다섯 개 교회가 처소를 마련해서 나갔다. 지금은 두 개 교회가 남아 있다.

그러나 한 가지 조건이 있다. 기독교 교육을 위해, 다음세대들을 위해서 기도해 달라는 약속이다.

소명 기독 교사들은 말한다.

"오늘 저에게는 꿈이 있습니다.
나의 사랑하는 제자들이 시험 성적이 아니라 인격과 성품에 따라 평가받는 그런 나라에 살게 되는 날이 오리라는 꿈입니다. 사랑하는 나의 제자들이, 아니 이 땅에 학교 교육을 받고 있는 800만 명 학생이 고귀하고 소중한 하나님의 형상을 회복하고, 하나님이 아이들 개개인에게 주신 고유한 은사를 발견하고 개발시켜 섬기는 제자로 살아가는 날이 어서 빨리 오리라는 꿈입니다.

이 땅에 기독교 학교가 많아지고 20년 이내에 폐교되는 3,000개의 학교가 한국 교회의 섬김으로 기독교 학교로 변화되는 꿈입니다. 그래서 모든 이의 눈에서 눈물을 씻어주며, 고통과 상처받는 이들 곁에서 눈물을 닦아주고, 싸매주는 사람들로 키워지는 꿈입니다.

정의가 강물처럼 흐르고, 거짓이 발붙일 수 없는 나라를 세우는 꿈, 돈이 주인이 아니라 하나님이 주인이시고 사람이 사람다운 대접을 받는 나라가 되는 꿈입니다.

이 땅에 고통받는 탈북 청소년들과 다문화 가정의 아이들과 우리 아이들이 형제애로 어울리며 형제자매처럼 어깨동무하고 마음껏 뛰놀고 뒹구는 날이 어서 오리라는 소망의 꿈입니다.

탈북 청소년들과 우리의 아이들이 통일 한국의 주역으로 북한 땅에 기독교 학교를 세우고 섬겨 하나님의 아름다운 형상을 회복하고 하나님의 주권이 선포되는 통일된 나라에서 살게 되리라는 꿈입니다.

이 땅에 세워지는 기독교 학교가 해외 선교사역 때문에 고통받고 상처받고 있는 MK들을 섬기고 가르치고, 그것을 뛰어넘어 선교지에 기독교 학교를 세워가리라는 꿈입니다.

이 땅에 기독교 학교 출신들이 세계 200개 나라에서 모든 민족을 예수님의 제자로 세우는 일에, 복음으로 섬기는 날이 오게 되어 다양한 직업 속에서 섬기는 제자로 살아가리라는 꿈입니다.

예수님이 오시는 그날까지 기독교 학교가 믿음의 가정을 회복하고, 성서한국과 세계선교의 전진기지가 되리라는 꿈입니다."

신앙과 대학입시를 저울대에 올린다면?

● ● ●

"신앙과 입시의 정말 균형 잡힌 교육을 한다는 게 쉽지는 않습니다."

신앙으로 시작했다가도 결국에는 대학 진학에 초점을 맞추는 학부모가 많다. 한 예로 늘 거울만 들여다보는 여학생이 하나 있었다. 화장실에 갔을 때, 또 식사할 때나 틈만 나면 거울을 들여다보면서 머리를 매만졌다. 교회도 예수님도 몰랐던 이 아이가 소명학교에 다니면서 예수님을 만났다. 그러자 늘 거울이 들려졌던 손에 성경과 영어책이 들려졌다. 부모는 전혀 기대도 안 했는데 공부도 잘하게 되었다. 그러자 딸아이의 변한 모습을 보고 욕심이 생긴 부모는 그 아이를 학교에서 빼내 대학입시 학원으로 옮겼다. 그 후 그 아이가 어떻게 되었는지는 알 수 없지만 이러한 경우가 종종 있다고 했다. 아니면 도중에 국제학교로 옮기는 일도 있다. 그러나 졸업할 때까지 끝까지 초심을 잃지 않는 부모님도 많다.

또 다른 예로 매일 아침 멘토(소명학교에서는 선생님을 멘토라고 함)가 모시러 가다시피 한 아이가 있었다. 가보면 늘 잠을 자고 있었다. 고1 내내 이런 일이 반복되었다. 그런데 그 아이가 소명학교에서 예배를 드리고 성경 말씀을 공부하면서 11학년(고2 과정)이 되었을 때 예수님을 영접했다. 사실 그 아이는 목회자의 자녀였다. 12학년(고3 과정)이 되어 최선을 다해 학교생활에 임했고, 기대 이상으로 대학에 합격한 사례도 있다.

대학 진학에 대해 묻자 90% 정도가 국내 대학에, 10% 정도는 해외, 즉 미국이나 영국 대학에 진학한다고 했다. 졸업생 가운데 케임브리지 대학교 생명공학과에 입학한 아이도 있고, 서울대학교 경제학과에 입학한 아이도 있지만, 신 교장 선생님은 이러한 사실들은 될 수 있는 대로 드러내지 않으려고 했다. 학생 한 명, 한 명이 대학의 명성을 따르는 삶이 아닌 부르심에 초점을 둔 진로·진학의 방향성 때문이다.

의과대학에 가기를 원하는 학생이 있었다. 소명학교 교육과정으로는 의과대학에 가기 힘들다고 선생님이 말했다. 그러자 그 아이는 졸업 후 재수해서 가면 된다고 했다. 그리고 의과대학에 가는 것보다 소명학교에서 좋은 선생님, 좋은 친구들과 만나는 것이 더 중요하다고 말했다.

학부모들이 먼저 하나님의 나라와 그의 의를 구하라는 말씀을 믿고 행한다면 아이들의 길은 하나님이 다 책임지실 것이다. 좀 더뎌지더라도 조급해할 것이 없다. 아이들이 변화되었다고 그것을 부모의 욕심을 이루기 위한 도구로 사용한다면 정말 안타까운 일이 아닌가?

모두가 인내하고 기도하며 옥토가 되도록 일구어야 한다. 이것은 한두 사람으로는 안 되고, 어떤 문화가 형성되어야 한다. 그래야 세상 사람들이 가시화된 그 문화를 통해 기독교 대안학교에 관심을 갖게 될 것이다. 이를 위해 신 교장 선생님은 또 다른 기독교 대안학교가 세워지고 섬기기를 바란다. 그리고 교회가 세웠다고 우리 학교라는 생각은 버리고, 기독교 교육 전문가들과 협력해야 한다고 강조했다. 전문가 없이 대안학교를 운영할 경우 자칫 잘못하면 교회 성도들의 자녀들은 실험 대상이 되고 만다.

"저는 올해 39년째 교사 생활을 하고 있습니다. 제가 교장이라고 역할을 맡고 있지만. 저는 교장이라고 생각하지 않고 같은 교육자요, 교사라고 생각합니다. 제가 스코틀랜드의 존 녹스를 좋아하는데, 존 녹스는 16세기에 이미 한 교회가 한 학교를 세워야 한다고 주장했습니다. CTS기독교TV가 다음세대를 위한 교육 운동을 캠페인에서만 그치지 않고 공간을 제공하고, 프로그램, 세미나 등을 개최하면서 기독교 대안학교 운동을 펼치고 있는 것에 대해 너무너무 감사드립니다."

이것은 교장 선생님 말씀의 끝마디였다. 그리고 나는 기도로 이 귀한 만남을 마무리했다. 신병준 교장 선생님에게 앞으로도 협력해달라고 부탁하자 CTS기독교TV에서 출연 요청을 하면 한 번도 거절한 적이 없다고 말했다.

CTS기독교TV는 'CTS다음세대지원센터', 기독교 대안학교 탐방, 교육 선교 온라인 전국 세미나, "CTS 다음세대 마이크 ON" 프로그램 등을 통해 방법론을 모색하고, 실질적 정보를 제공할 것이며 도움을 줄 수 있도록 계속 준비할 것이다.

소명학교의 목표는 한 소망이신 예수 그리스도를 닮는 것이다.

❖ 개요
- 설립연도: 2012년 3월 1일
- 주소: 경기도 용인시 수지구 동천로 616
- 인가 여부: 비인가
- 운영 형태: 중등·고등(교장 신병준)
- 교사 40여 명, 학생 210명
  (학급당 담당 교사 2명을 두고 학생들 멘토링)
- 기숙 여부: 통학

❖ 교육목표

소명교육공동체는 부르심의 한 소망이신 그리스도를 닮아 겸손히 하나님과 세상을 섬기는 소명인을 파송하여 성서한국, 통일한국, 세계선교를 꿈꾼다.

❖ 교육과정 및 특별 프로그램
- 울림과 세움(중등)
- 7, 8학년 학생들을 대상으로 진행하는 자기관리 및 관계성 향상을 위한 코칭형 그룹수업
- 배움과 섬김(중등)
- 7~9학년 학생들을 대상으로 선택형 은사수업이고 배움의 결과물을 섬김과 연결짓는 수업

- 소명아카데미(고등)
- 10~11학년까지 학생들이 나를 창조하신 하나님을 알고, 나를 이해하는 수업
- 사회소명(고등)
- 하나님이 창조하신 세상을 이해하고, 하나님께서 회복하길 원하시는 영역에 대해 고민하고, 탐색하고 연구하는 과정
- 매주 수요일 실시하며, 코칭 교사의 그룹별 지도
- 다양한 직업군에 대해 탐색, 탐방, 전문인 인터뷰, 인턴십 과정으로 진행
- 10학년 공통과정, 11학년 탐구과정, 12학년 소논문 또는 결과물 제작 발표
- 국토순례(중등)
- 7~9학년 중등 특별 교육과정으로 한반도의 한 지역을 선정해 함께 걸으며 인내, 협력, 섬김을 배우는 과정
- 비전트립(고등)
- 10학년은 제주도로 평화세대 비전트립을, 11학년은 압록강·두만강 접경지역과 러시아 연해주 일대로 통일세대 비전트립을 통해 평화로운 통일을 준비하는 다음세대로 성장하는 과정
- 통합답사(중등·고등)
- 7~11학년 학생들이 상반기 학년별로 역사의 흐름에 따라 지역을 정하고, 가치를 정해 통합수업과 답사를 진행하며 역사 속에서 통합적인 지식을 배우고 경험하는 과정

- 단기선교(중등·고등)
- 방학 기간을 이용해 남아프리카공화국, 중국 등 단기선교를 통해 세계선교의 핵심 가치를 배우는 과정
- 7인 7색 배낭여행(고등)
- 겨울방학 기간에 10학년 학생 중에 7명과 선생님이 말씀을 묵상하며 세계를 여행하는 프로그램
- 그랜드투어(중등·고등)
- 여름방학을 이용해 희망 학생들과 사전 공부를 통해 유럽 종교개혁지, 문화유적지 등 유럽의 역사, 예술, 건축, 기독교에 대해 현장에서 공부하는 과정

❖ **기타**
- 약 '4,000여 명'의 좋은교사운동 회원교사들과 학부모가 연합하여 세운 학교다.
- 개혁주의 전통을 따르고 있지만, 특정 교단이나 교회에 소속되어 있지 않다.
- 인문 고전 독서교육과 성경적 세계관으로 구성된 수업을 통해 신앙과 학문을 통합한다.

어깨동무학교
건물 없는 학교

"어깨동무학교는 네트워크가 강합니다."

어깨동무학교는 어떤 학교인가?

● ● ●

건물이 아니라 사람을 세우는 학교

　어깨동무학교는 정말 건물 없는 학교인가? 그렇지 않다. 학교보다 교육이 더 중요하다는 철학이 담긴 표현이다. 학교를 운영하는 일과 교육을 제대로 하는 일은 구분되어야 한다. 교육은 비즈니스가 아니라 사람을 돌보는 일이며 바르게 키우는 일이라는 확신으로 운영되는 학교다. 학교를 운영하는 일에 치중하다 보면 사람의 중요성을 놓치기 쉽다. 하나님의 형상으로 지음 받은 자녀들을 학교를 믿고 맡겨준 부모들의 신뢰를 저버리지 말아야 한다는 마음이다.

공교육에 대한 비판과 비난보다는 이름 그대로 대안을 제시하는 교육을 추구한다. 같은 나이의 아이들이어도 학습 능력에는 차이가 있고 좋아하고 잘하는 과목에도 차이가 있다. 개인차를 고려하지 않은 집단교육으로 학생들을 가르치고 평가하고 등수와 등급을 매기는 교육을 교육이 아닌 '폭력'으로 규정한다. 많은 교사와 학부모와 학생들이 기독교 대안학교라 말하는 여러 학교의 기독교적이지 않은 운영 방식과 교육 방법에 상처를 받은 것을 보았다.

윤은성 교장 선생님은 학교를 생각하면서 건물부터 걱정하거나 떠올릴 필요가 없다고 말한다.

"왜냐하면, 교육은 스승과 제자가 만나면 교육이 되는 것이지요. 학교를 하려면 건물을 생각하는데 교육을 하려면 사람만 있으면 돼요. 스승과 제자가 예수님처럼 같이 걸어 다니면서도 교육할 수 있고, 가정의 거실에서도 교육이 얼마든지 가능하죠. 교육을 할 거냐, 학교를 할 거냐? 사람을 키울 것인가? 사업을 할 것인가? 학교 설립에 앞서 이 두 질문에 답해야 합니다."

학교 사업을 할 생각이라면 투자를 많이 해서, 그럴싸한 건물을 세우고, 시설도 잘 갖추고 적극적인 홍보로 사람을 끌어들이고 학비도 넉넉히 받아야 한다. 그래야 투자금을 회수할 수 있고, 매년 이윤을 남기며 학교가 운영될 수 있다. 그러나 하나님이 원하시는 교육은 경제 논리에 절대 갇히지 않는다. 공간의 제약도 받지 않는다. 건물이라는 하드웨어를 우선 조건으로 생각하기 때문에 기독교 대안학교 설립을 주저하는 것이다. 설사 초반에는 투자 능력이 있어 투자했다고 하더라도, 투자한 만큼의 수익을 내기란 절대 쉽지 않아 결국 문을 닫기도 한다.

사람을 키우고자 한다면 예수님처럼 어디에서나 할 수 있다. 가정에서도 할 수 있고, 조그만 예배당에서도 할 수 있다. 하드웨어에 과한 투자를 하다 보면 학비도 같이 올라가지 않을 수 없다. 어깨동무학교는 주중에 비어 있는 교회 건물을 사용한다.

윤은성 교장 선생님은 다른 교회 목사님들에게 이런 제안을 곧잘 했다.

"목사님, 주중에 비어 있는 교회 공간을 하나 내주시면 제가 학교를 시작하게 해드릴게요."

이것은 웃어넘길 말이 결코 아니다. 실제로 많은 목사님이 기독교 대안학교를 만들고 싶어 마땅한 모델을 찾아 1~2년씩 돌아다닌다. 그러나 대안학교들을 탐방하면 할수록 좌절감만 깊어진다. 우선 넓은 부지에 버젓한 건물을 대하는 순간, 내가 저걸 어떻게 하나라는 생각이 들기 때문이다. 결국, 중대형 교회도 큰 결심을 해야만 가능한 학교들이기에 기독교 대안학교 설립은 불가능하거나 어렵다는 결론을 내리고 만다.

현재 다음세대와 교육에 대한 마음은 뜨겁지만 어디서부터 시작해야 할지 모르는 사람들이 어깨동무학교를 많이 찾는다. 자초지종을 물어보면 어깨동무학교에 한번 가보라는 말을 들었다는 것이다. 어깨동무학교를 방문한 사람들은 좌절이 아니라 희망과 자신감에 가득 차서 돌아간다.

"나도, 아니 우리도 학교를 시작할 수 있다."

판교 어깨동무학교는 수지에서 목회하고 있던 양순모 목사의 작은 목양실에서 초등과정 아이 4명을 데리고 시작했다. 7년이 지난 지금은 엄청난 발전을 했다. 그리고 윤은성 목사는 친구이고 예배사역자인 손재석 목사가 평촌에 개척한 새이룸교회의 교역자 사무실에서 중고생 3명과 함께 학교를 시작했다. 책걸상을 사는 비용 정도 외에는 큰 비용이 들어가지 않았다. 2017년에 두 교회와 학교가 판교에서 하나가 되어 심플교회와 판교 어깨동무학교가 되었다.

"사실 상황에 따라 몇 십만 원 또는 몇 백만 원만 있어도 여유 있게 학교를 시작할 수 있는 거죠."

건물이 아니라 사람에 집중하면 길이 보이고 방법이 보인다고 자신 있게 말한다.

한 아이도 포기하지 않는 학교

어깨동무학교 교육의 핵심은 "한 아이도 포기하지 않는 교육이다." 한 아이를 존중하고 한 아이도 포기하지 않는 교육을 꿈꾸는 학교가 어깨동무학교다. 어깨동무학교가 문제가 있는 학생들이 주로 오는 학교는 아니다. 정서적, 정신적, 신체적 어려움을 가진 친구들이 늘 있었지만, 어깨동무학교에 다니는 동안 모두가 회복되는 것을 보았다. 학교 밖에서 병원과 전문 치료 기관의 도움을 받고 있던 친구들도 어깨동무학교에 와서는 따로 치료 과정을 제공하지 않아도 함께 생활하고 살아가며 신앙에 기초한 인격적인 돌봄과 사랑으로 회복되는 일을 많이 경험한다.

학습 능력에 따른 차별을 방지하고 개별 학습(Accelerated Education)을 통해 자신의 시간표를 따라 지속해서 학습할 수 있는 환경을 제공한다. 정서적, 정신적 도움이 필요한 학생들을 위해 학생들과 교사들이 함께 배려하고 돌보며 일상에 적응하도록 도우며 학습도 포기하지 않도록 끝까지 지도한다. 자살이나 자해 충동에 시달리는 친구들은 새벽에도 시간을 내어 기도해 주고 안정을 회복하도록 돕는 일을 통해 회복을 경험한다. 교육은 책임이라 믿는다. 부모가 교사와 학교를 믿고 자녀들의 인생을 맡긴 것이기에 그에 따른 책임이 학교에 있다. 하나님의 형상대로 지음 받은 하나님의 사람을 양육하는 막중한 책임이 학교에 있다.

어깨동무학교는 아이들 한 명 한 명에게 집중할 수 있는 교육을 지향하기에 학교의 규모를 키우는 것을 경계한다.

"규모를 키우면 안 된다고 말씀드리는 이유는 우선 교육의 질이 떨어지기 때문입니다. 그다음 경제 논리에 말려들게 됩니다. 또 계속 같은 수준의 학생들을 모집하기 위해 홍보를 강화해야 합니다. 그뿐 아니라 학부모들이 솔깃할 만한 제안을 하려다 보니 우리 학교에 오면 명문 대학교에 갈 수 있다고 호언하게 됩니다."

교장 선생님은 학교의 규모가 커지면서 처음 학교를 시작할 때와는 전혀 다른 방향으로 흘러가는 것을 경계한다. 일단 방향이 조금이라도 틀어지면 그다음부터는 걷잡을 수 없는 길로 가게 된다. 그래서 초기의 설립 가치나 목적이 흔들리지 않게 하기 위해서는 학교를 너무 크게 키우면 안 된다.

"한 사람의 교사가 깊은 관심을 주고 진정성 있는 관계성을 맺을 수 있는 아이들의 숫자는 제한되어 있습니다. 어깨동무학교는 8~10명 정도라고 생각합니다. 예수님도 12명의 제자에 집중하셨는데 우리가 그보다 많이 하지는 말자고 얘기합니다."

학교 덩치가 커지면 여러 부작용이 생긴다. 기독교 대안학교의 원래 취지가 흐려지고 사업화될 수 있다. 게다가 대안학교들이 우후죽순처럼 늘어나다 보니, 아이들 수는 제한적인데 서로 동역 관계가 아니라 소모적인 경쟁 관계에 놓일 수 있다. 학생 수가 많으면 그 당시는 좋을지 모르지만, 아이들 모두에게 사랑을 나눠주기가 힘들다. 이처럼 어깨동무학교는 학교가 작고 수용할 수 있는 인원이 한정되어 있다. 한 사람이 나가야만 한 사람이 들어올 수 있다. 그래서 항상 대기자가 줄지어 있다.

지역교회를 중심으로 가정, 학교, 교회가 함께하는 교육공동체

한국 교회 다음세대 위기론이 대두된 지 30여 년이 지나가도록 좋은 대안이 없는 것이 현 실정이다. 어깨동무학교도 같은 고민 속에 탄생하게 된 모델이다. 교회와 학교를 함께 생각하지 않던 풍토에서 교회가 학교를 품으면 다음세대를 교회가 품고 양육할 수 있다는 생각을 했다. 윤은성 교장은 오랜 기간 청소년과 청년들에게 말씀을 전하는 강사로 활동해 왔다. 전국에서 열리는 캠프와 수련회에서 말씀을 전했고 코스타(KOSTA)와 같은 해외 유학생 수양회나 이민 교회 청소년과 청년들에게도 말씀을 전하는 사역을 섬겼다. 그러나 한두 번의 설교나 며칠간의 집회로 학생들 삶의 깊은 변화를 기대하기 어렵다는 현실적 한계를 절감하고 고민 끝에 교회가 학교를 품는 것이 근원적인 대안이 될 수 있다는 생각을 하게 되었다.

"다음세대 사역은 시간 싸움이라고 해도 과언이 아닙니다. 아이들과 얼마만큼 삶을 함께하며 가르치느냐가 영향력을 미치는 깊이를 결정합니다. 일주일에 한두 시간 예배와 분반 공부로 아이들의 신앙 성장을 담보할 수 없습니다."

현재의 주일학교 체재로 아이들의 신앙 성장이 가능하다면 그것은 가정에서의 신앙 전수가 제대로 된다는 것 이외의 이유를 찾기는 어렵다고 본다. 교회가 학교와 가정을 품고 통합된 교육의 구심점 역할을 하면 온전한 다음세대 양육에 한 걸음 더 가까워질 수 있다는 것이다. 다음세대 사역은 가정 사역이라는 말도 있다. 코로나19로 인해 아이들이 가정에서 보내는 시간이 많아졌음에도 가정이 신앙 양육의 요람과 같은 역할을 하지 못하는 가정이라면 아이들의 신앙에 문제가 생겼을 가능성이 크다. 코로나19 이전에 교역자들에 대한 신앙 의존도가 높던 아이들이 코로나19 시기를 지나며 부모에게 더 의존하는 경향이 나타나고 있다.

지역교회가 학교를 품으면 신앙과 성품과 실력을 함께 키우는 전인교육이 가능하다. 학교들은 입시 위주의 경쟁 체재를 갖추고 있기에 성품의 성숙을 보장해주지 못하고 신앙적인 양육은 더더욱 기대하기 어려운 현실이다. 교회가 학교를 품을 때에만 가정과 연합하여 온전한 기독교 교육을 실현하는 일이 한층 수월해진다. 좋은 믿음의 가정에서 일반학교에 다니며 주일학교를 다니는 아이들의 신앙도 물론 성장할 수 있지만, 교회, 가정과 학교가 통합된 세계관과 같은 가치관을 형성하도록 돕는 일이 가장 좋은 길이다.

윤은성 목사, 손재성 목사와 함께

또한, 지역교회 안에서 다음세대 사역을 활성화하고 싶어도 섬길 기회는 극히 제한적이다. 주일학교 교사로 봉사하는 일 외에 다음세대를 섬길 직접적인 기회는 거의 찾기 어렵다. 교회가 학교를 운영하게 되면 성도들이 섬길 수 있는 영역이 확대된다. 주중에도 계속해서 교회의 공간을 활용하게 될 뿐 아니라 성도들이 자원봉사로, 교사로 섬기거나 보조교사로 활동하거나 자신이 전공하거나 배운 전문적인 내용을 학교를 통해 다음세대와 공유할 수 있게 된다.

어깨동무학교는 엘리트 교육 혹은 귀족 교육이라는 비판을 받는 대안학교를 위해 또 다른 대안을 제시하고자 시작된 학교이기도 하다. 지역교회를 중심으로 지역의 아이들이 올 수 있는 학교를 꿈꾸며 시작되었다. 따라서 공간을 마련하기 위해 초기부터 큰 비용을 투자하지 않고 주중에는 활용되지 않는 교회 공간을 학교 공간으로 활용했다. 또한, 많은 재정이 있어야 하는 인건비를 줄이기 위해 자기주도학습을 기초로 교과를 운영했다. 그뿐 아니라 교회 안의 자원을 파트타임과 자원봉사 교사들로 활용함으로써 인건비를 줄였다. 덕분에 가정의 부담을 덜어줄 수 있게 되었다.

지역교회를 중심으로 운영되는 학교이기에 교회 성도들과 지역 주민들의 자녀들을 우선시했다. 시대적 상황을 고려할 때, 교회는 학교를 통해 지역사회를 섬겨야 마땅하다. 그렇다고 공교육의 학습 효과를 의심하는 것은 아니다. 다만 성경이 말하는 삶의 가치와는 반대되는 가치를 배우는 교육 현장에 우리 아이들을 그냥 방치하지 않겠다는 것이다.

현재 한국 사회의 혼란은 곧 가치의 혼란이다. 마땅히 지켜져야 하는 가치에 대한 합의가 이루어지지 않고 각자가 중요하다고 생각하는 가치를 저마다 주장하는 혼돈의 장이다. 교회와 다음세대 역시 이러한 혼돈에 빠져 있다. 따라서 이러한 세상 속에서 신앙인으로서 어떻게 살아가야 하는지에 대한 고민이 필요하다. 무너져가는 교회, 무너져가는 나라를 다시 세우기 위해서는 하나님 나라의 가치로 무장하고, 세상을 겸손히 섬길 수 있는 새로운 세대를 길러내야 한다. 건강한 신앙과 건강한 시민의식을 지닌 아이들이 자라나면 교회도 나라도 건강해질 것이다.

통일을 준비하는 학교

어깨동무학교는 설립 초기부터 통일 한국을 염두에 두었다. 통일이 진행되는 과도기나 통일 이후, 북한에 학교를 설립할 경우, 땅을 사서, 건물을 짓고 학교를 운영한다는 것은 거의 불가능하다. 한 예로, 평양 같은 대도시를 포함한 몇몇 지역에 이미 국제학교가 있다. 그러나 지금은 몇몇 학교만 겨우 명맥을 유지하고 있다.

　기독교 세계관에 바탕을 둔 기독교 교육은 북한 땅의 회복을 위해 너무나 중요한 일이기에 어깨동무학교는 이를 위한 준비를 해왔다. 한 예로 교과과정이나 교사 훈련에 있어 늘 북한을 염두에 두고 진행한다. 잘 훈련된 교사, 선교사 두 사람만 현지에 들어가면 즉시 학교를 시작할 수 있도록 준비하는 것이다. 어깨동무학교의 철학과 방식은 학교를 세우는 것이 어렵지 않다는 전제 위에 세워졌다. 따라서 북한에 학교를 세우는 꿈도 이루어지리라 생각한다.

어깨동무학교는 어떻게 가르치는가?

● ● ●

　어깨동무학교의 모토는 "시대를 책임지는 하나님의 사람 양육"이다. 그리스도인 엘리트도 필요하고 각 분야에서 리더로 활약할 인재들도 필요하다. 그러나 자기에게 주어진 자리에서 한 사람의 그리스도인으로 책임 있는 삶을 살아가게 하는 것은 훨씬 더 중요하다. 즉 하나님의 사람을 길러내는 것이 어깨동무학교의 교육목적이고 추구하는 인재상이다. 3% 남짓한 피라미드의 꼭대기를 차지하기 위해 경쟁하고 그 안에 들지 못하는 사람들은 낙오자나 실패자로 느끼게 만드는 것이 세상 교육이다. 기독교 교육을 한다는 기독교 대안학교조차 그런 가치와 방향성을 설정하고 교육한다. 그러나 이러한 것은 어깨동무학교의 교육 정신과 맞지 않는다. 어깨동무학교의 교육목적은 자기의 길을 가며 책임을 다하는 삶을 살아가는 하나님의 사람을 양육하는 것이다.

　"어깨동무학교 학생들이라면 공부가 교과학습만이 아니라는 사실은 상식적으로 다 알고 있습니다. 어깨동무학교에서 공부한다는 의미는 신앙 공부, 성품 공부, 실력 공부를 모두 담고 있다는 뜻입니다. 학생들에게 이것을 가르치는 것이 어깨동무학교 교육의 시작입니다.

세상에 공부 못하는 아이는 없습니다. 잘하는 공부가 다를 뿐입니다. 어떤 아이는 음악 공부를 잘하고, 어떤 아이는 체육 공부를 잘합니다. 또 다른 아이는 컴퓨터 공부를 잘하고, 다른 아이는 영어 공부를 잘합니다. 각기 잘하는 공부가 다른 아이들을 같은 과목을 시험 보게 하고 점수로 평가해서 등수를 나누고 공부를 잘한다 못한다 하는 일이 얼마나 말이 안 되는 일인지 모릅니다."

어깨동무학교는 삶으로 가르치는 학교다

어깨동무학교가 교사를 선발하는 첫 번째 기준이 있다면 '관계성이 좋은 사람'이다. 학생들과 관계성을 바르고 건강하게 세워갈 수 있어야 하며 학부모와 동료 교사들과 바른 관계성을 맺을 수 있어야 한다. 학생들에 대해 잘못된 선입견과 건강하지 못한 자아상 등 부정적인 성격은 교육에도 부정적인 영향을 미치기 때문이다. 윤은성 교장 선생님이 어깨동무학교 교사들에게 항상 강조하는 것이 "학생들은 교사의 앞모습에서만 배우지 않고 뒷모습에서도 배운다."라는 것이다. 앞에서 마주 보며 수업하는 교사의 모습을 통해서만 배우는 것이 아니라 그의 삶을 통해 배운다는 것이다.

어깨동무학교에는 신앙과 인성 교육의 좋은 사례가 많다. 학교를 통해 신앙적 회심을 경험하고 세례받는 아이들도 있으며, 하나님을 더 깊이 경험하는 신앙의 성장과 성숙도 있고, 무엇보다 어떤 상처나 부정적 경험으로 인해 상처가 있는 아이들이 놀랍게 회복되는 일들도 항상 있다. 고등학생 정도 나이가 되면 교사나 목회자들의 역할이 거의 필요 없을 만큼 신앙이나 리더십이 성숙한 아이들로 자란다. 많은 분이 그 이유와 신앙이나 인성 교육을 위한 프로그램이 있는지 묻는다고 한다. 그때마다 어깨동무학교 운영자들이나 교사들은 대답할 말이 없다고 한다. 그냥 아이들과 함께 더불어 살아가는 시간들 속에서 자연적으로 신앙도 성장하고, 상처도 치유되고, 성숙한 아이들이 되어가는 것을 경험했기 때문이다. 삶으로 가르칠 수 없으면 결국 아무것도 가르치지 못하거나 지식 전수에만 그치고 마는 교육이 되고 만다.

어깨동무학교는 스스로 가르치는 학교다

공부는 습관이 기초가 되어야 한다. 책 읽는 독서 습관, 시간을 정해서 집중하는 몰입 습관, 공부의 목표와 계획을 세우고 실행하는 행동 습관 등이 중요하다. 어깨동무학교는 가르치는 내용도 중요하지만 가르치는 방식이 더 중요하다고 생각한다. 교사들의 역할이 일방적으로 가르치는 데 집중되지 않고 스스로 할 수 있도록 돕는 일에 더 집중되어 있다.

SOT(School of Tomorrow) 교과를 사용하게 된 이유도 자기주도학습 기반의 교과과정 구성 때문이었다. 역사와 문학을 하브루타 방식으로 가르치는 이유도 마찬가지다. 학생들이 주도적이고 적극적으로 참여하는 습관을 수업을 통해 체득하게 하기 위함이다.

어깨동무학교는 서로에게 배우는 학교다

어깨동무학교의 두드러진 점은 학년별, 연령별 학급이나 교과과정을 운영하지 않는다는 것이다. 초등, 중등, 고등 또는 초등과 청소년 과정으로 운영된다. 같은 나이의 학생들이어도 학습 능력은 다르기 때문이다. 학년별, 연령별 교육이 아니라 개인별, 수준별 교육을 해야만 하는 이유다. 학급의 규모가 작고 몇 년 터울의 학생들이 함께 생활하며 작은 공동체와 사회를 경험한다. 나이가 많다는 것은 단지 지식이나 경험이 많다는 것을 의미하지 않고 성숙함으로 섬기고 이끄는 것임을 배운다.

저학년 친구들은 고학년 친구들을 통해 다양한 돌봄을 경험하며 함께 성숙해 간다. 고학년 아이들이 저학년 아이들에게 자기가 모르는 것을 물어보는 것을 주저하거나 부끄러워하지 않는다. 어깨동무학교에서는 모르는 것이 부끄러운 것이 아니라 물어볼 용기가 없는 것이 부끄러운 것이라 배운다. 상호학습을 통해 함께 성장해 가는 토양을 만드는 것이 어깨동무 교육이다. 아이들의 좋지 않은 행동이나 언어 등도 서로를 통해 고쳐 나간다. 큰아이들이 배려하고 양보하며 손해 보는 것이 많다고 생각할 수도 있지만 그렇지 않다. 오히려 나이에 비해 성숙한 모습을 갖춰간다. 윤은성 교장은 원래 그랬어야만 했던 모습일 뿐이라고 말한다.

어깨동무학교는 혼합형(Hybrid)으로 가르치는 학교다

학교들이 전국 여러 지역에 있기에 교육철학과 중요한 가치들을 공유하기 위해 실행된 방법이지만 이제는 일상이 되었다. 온라인으로 전국의 학생들이 함께 연합예배를 드리고, 부모교육, 교사교육 등이 온라인으로 동시에 그리고 지역별로 이루어진다. 학생들이 서로 만나는 기회를 얻기 위해 전국 캠프를 연간 수차례 실시한다.

좋은 교사가 있는 지역에서 수업을 개설하여 전국의 학교들이 온라인으로 참여한다. 전국 학생들을 대상으로 역사와 문학 하브루타 선생님은 창원에, IT 선생님은 통영에, 인문학 선생님은 서울에서 수업을 진행한다.

어깨동무학교 수업이 혼합형이라는 개념은 단지 온·오프라인이라는 수업 방식만을 의미하지 않는다. 교실 안과 밖의 수업이 함께 조화를 이룬다는 뜻이다. 더 정확하게는 교실이 확장된다는 의미다. 교과 수업뿐만 아니라 산책과 등산, 캠핑과 여행, 역사탐방 등 야외 활동이 정규교과에 중요한 부분을 차지한다. 신앙과 성품과 실력을 함께 갖추어야 세상 속의 그리스도인으로 책임 있는 인생을 살 수 있으므로 학과 공부만으로는 부족하다고 믿기 때문이다.

어깨동무학교는 무엇을 가르치는가?

● ● ●

기독교 대안교육에 있어서 중요한 부분이 교과과정이다. 학교의 설립 이념과 철학이 아무리 좋아도 교과과정이 뒷받침되지 않으면 학교 설립 이념과 철학과 관계없는 일반학교와 같이 흘러가기 쉽다. 많은 교육기관이 크리스천 리더를 양성한다는 목적으로 기관을 운영하지만 정작 그리스도인으로 키우는 기독교 교육과정이 없는 곳도 많고 리더를 키우는 일을 어떻게 하는지 모르는 경우도 많다. 결국, 공부 잘하고 명문대학교에 가는 것이 크리스쳔 리더가 되는 길이 되고 만다.

교과과정을 소개하기 전에 어깨동무학교의 교육원리를 소개하는 것이 필요하다. 어깨동무학교의 교육철학이자 교육원리는 다섯 가지로 구성되어 있다. 다섯 가지 교육철학의 영어 단어 첫 글자를 따와서 CLEAN Education(청정교육)이라 한다.

■ **Community(공동체 학습)**
공동체는 신앙과 성품 훈련의 장과 같다. 세상은 더불어 사는 곳이다. 경쟁하고 이기기 위해서만 사는 곳이 아니라 협력하고 상생하기 위해 사는 곳임을 배워야 한다. 가정과 교회와 사회의 공동체성이 무너지는 시대다. 한 아이를 키우는 데 온 마을이 필요하다는 아프리카 격언처럼 공동체가 삶의 가장 중요한 지지기반이 되어야 한다. 공동체를 이해하고 공동체로 사는 아이들은 안정감과 자신감이 있다. 공동체의 지지가 없는 아이들은 뛰어나고 경쟁력이 강해도 늘 불안하고 초조하다. 좋은 공동체를 이루는 법을 삶으로 체득해야 자신과 가정과 사회가 건강해진다. 건강한 공동체에서 건강한 리더가 자란다.

■ **Leadership(리더십 학습)**
리더십은 타고나는 측면과 개발되는 측면이 함께 작용하며 형성된다. 공동체가 중요한 이유다. 리더는 독불장군이나 독재자가 아니라 건강한 공동체의 지지와 존중으로 세워진다. 공동체 없는 리더도 존재하지 않으며 리더 없는 공동체도 존재하지 않는다. 두 사람만 함께 모여도 그 관계성에는 리더십이 작용한다. 서로 어떤 형식으로든지 영향을 주고받게 된다. 성숙한 공동체가 성숙한 리더를 양성해 낸다. 우리 사회는 여전히 건강한 리더들이 필요하다. 잘못된 리더들로 인한 부정적인 경험이 많은 사회라 리더십에 대한 거부감이 많이 생겼지만 그러기에 더욱 건강하고 좋은 리더들이 많이 필요한 시대다.

■ Experience(경험 학습)

어깨동무학교가 하이브리드(혼합형)로 가르친다는 개념이 경험 학습을 중요하게 여긴다는 데서 왔다. 머리로만 배우는 것이 아니라 몸으로 배우고 온 존재로 배우도록 한다. 역사를 강의실에서 수업으로만 배우는 것이 아니라 역사의 현장에서 몸으로 배우고 온 존재로 배운다. 책을 읽는 것만이 아니라 현장에서 역사의 음성을 듣고 하나님의 마음을 느끼도록 하는 교육이다. 때로는 몇 시간, 심지어 몇 해 동안의 이론과 지식 중심의 학습이 바꾸지 못하는 것을 하루 이틀의 여행이 바꿔놓기도 한다. 윤은성 교장은 이미 오랜 시간 청소년들과 청년들을 대상으로 인문학 강의와 여행을 진행해 온 경험을 학교에 접목하여 큰 효과를 보고 있다.

■ Accelerated(개별 학습)

같은 나이의 학생도 학습 능력이나 기호가 다르다. 좋아하는 과목이 있고, 잘하는 과목이 있고, 학습 속도가 느린 학생이 있고, 빠른 학생이 있다. 공교육 시스템에서는 학생 한 명 한 명의 진도를 맞추지 못한다. 매주 마쳐야 하는 진도가 있고, 뒤처지는 것이 아니라 충분히 이해할 시간이 주어지지 못한 친구들을 기다려 줄 수 없다. 바로 다음 진도를 나가야 하기 때문이다. 이런 시스템에서는 공부가 뒤처지는 아이들을 양산해 낼 수밖에 없는데, 그 아이들을 문제 있는 아이로 취급하는 것이다. 학교 시스템 자체가 문제아를 양산해 낼 수밖에 없는 시스템으로 고착된 것이 가장 큰 문제다. 이를 해결하기 위해서는 소규모 학급을 운영해야 하고 학생 한 명 한 명의 진도를 개별적으로 관리하는 방식으로 교과과정이 운영되어야 한다. 잘하고 흥미 있는 과목은 더 깊이, 더 빨리 학습하게 하고 뒤처지고 이해가 필요한 과목은 충분한 시간을 주어 포기하지 않고 따라올 수 있도록 해주는 학습이 개별 학습이다.

- **Nature(자연 학습)**

자연만큼 큰 스승은 없다. 창조의 신비와 생명의 존엄, 계절과 시간의 변화와 중요성, 인간의 위대함과 한계 등 많은 교훈을 자연을 통해 얻을 수 있다. 학생들의 건강한 정서 함양과 건강을 위해서도 필요한 야외 활동은 자연 속에서 이루어져야 한다. 실내에서 하는 체육 활동 못지않게 중요한 것이 야외 활동이다. 가벼운 산책부터 등산, 캠핑, 역사 탐방, 여행 등을 통해 경험할 수 있다. 거대하고 웅장한 자연경관을 바라보며 창조주 하나님에 대한 감격과 창조의 신비에 대한 탄성이 주는 영향력을 쉽게 생각하면 안 된다. 자연을 자주 접하는 아이들이 자연스러운 사람이 된다.

어깨동무학교 교과과정

• • •

어깨동무학교의 교과과정은 구조는 간단하나 내용은 무한하다. 확

정된 교과과정이 필요하지만 지금 시대의 변화 속도에 대응하기 위해서는 융통성 있고 탄력성 있는 교과 구성과 운영이 필요하다. 전국 각지에 네트워크로 흩어져 있는 어깨동무학교는 공통교과와 각 지역의 특성과 학생들에게 맞는 창의적인 교과로 학교마다 다르게 구성된다.

■ SOT(School of Tomorrow) 및 기본 교과

자기주도학습을 위한 SOT 교재를 기반으로 시작하였으나 미국 교과가 가지고 있는 문화적 차이와 한계를 극복하기 위해 점차 어깨동무학교에 맞는 교과들로 대체하고 있으나 처음 학교를 시작하는 과정에서 SOT는 큰 도움이 된다. 특히 저학년 학생들의 자기주도학습 습관을 개발하는 일에는 효과가 크며 학생들의 개별 학습 진도를 관리하기에도 SOT가 가장 좋은 선택일 수 있다. 하지만 코로나바이러스로 인한 팬데믹 시대를 지나가면서 온라인 학습이 활성화되며 개별 학습이 온라인으로 충분히 가능해지고 교육 콘텐츠도 다양화되어 선택지가 넓어졌으나 각 학교의 방향과 학생들에게 맞는 교육과정을 선택하는 것이 학교에 있어서 가장 중요한 일이다.

■ 인문학

윤은성 교장이 최근 집필한 '쓸모 있는 교육'에서 강조하는 바와 같이 모든 공부에는 기초가 있다. 읽기, 생각하기, 쓰기, 말하기다. 특히 대학 이후의 공부는 이 네 가지 공부의 기초가 단단한 사람들이 수월하게 해낼 수 있다. 그렇다면 대학 이전의 공부는 이 네 가지 기초가 단단하게 자리 잡도록 돕는 교육이어야 한다. 역사적으로 모든 학문의 기초는

네 가지 공부의 기초와 연관되어 있고 그 위에 다른 학문을 쌓아 올리는 방식이다. 급변하는 과학기술혁명 시대에 교과를 어떻게 구성해야 하는지 어려워하는 학교가 많다. 인문학으로 통칭하는 공부의 기초를 잡아주는 것부터 시작하면 된다.

■ 예체능

악기 하나, 운동 하나씩은 어느 수준 이상으로 하도록 해야 한다. 정신적, 육체적 건강과 두뇌 계발에도 지대한 영향을 미치는 것이 예체능이다. 영어와 수학을 위해 체육 시간조차 없애는 방식은 오히려 해로운 교육이다. 한 시간 땀 흘리고 작은 한계를 극복해 보며 예술적 감수성을 개발하는 것이 공부에 더 도움이 되는 교육 활동이다. 그리고 단지 공부만을 위한 예체능이 아니라 상식과 교양과 사회 활동을 위한 기본기이기도 하다.

■ 야외 활동

앞에서 언급한 대로 어깨동무학교는 다양한 야외 학습 프로그램을 운영하며 긍정적인 열매를 많이 보고 있다.
정기적인 산책은 학생들과 교사들 간에 친밀함과 관계성 개발에도 큰 도움이 된다. 캠핑이나 등산 등의 야외 활동 경험은 단지 입시나 공부만이 아닌 생활과 생존의 기술을 배우는 중요한 경험이다. 역사탐방은 우리가 그렇게도 원하는 크리스천 리더들이 갖춰야 할 안목과 넓은 가슴을 갖추는 일에 필수 과정이다.

어깨동무학교 교장 선생님 윤은성 목사님의 이야기를 듣다 보니 소망이 커졌다. 어깨동무학교의 설립 방식을 모델로 하면 한 교회 한 학교 세우기란 것이 그렇게 어렵지 않다. CTS기독교TV가 다리 역할을 하여 기독교 대안학교 설립을 꿈꾸지만, 실행에 옮기지 못하는 교회에 어깨동무학교가 실질적인 조언과 도움을 줄 수 있다.

윤은성 교장 선생님이 설명하는 어깨동무학교를 교회가 시작해야 하는 이유를 요약하면 다음과 같다.

첫째, 교회가 사람 키우는 일에 앞장서야 한다.

학교에 집중하면 건물과 비용이 우선적인 고민이지만 사람과 교육에 집중하면 대부분의 교회가 지금 가진 자원만으로도 충분히 가능하다. 아이들을 키우는 데 특별한 시설이 필요한 것이 아니라 가정이면 충분하듯이 교육하고 사람을 키우는 데 학교가 제공하는 시설과 교과과정은 교회에 이미 있는 것들이다. 교회 공간과 기독교 교육과정만 도입하면 학교는 언제든지 시작할 수 있다. 공교육이 무너진다고 목소리만 높이고 있을 때가 아니다. 교회가 시대를 밝히는 인재를 길러내야 할 때다.

둘째, 학비 부담을 최소화해야 한다.

기독교 대안학교나 사립학교들의 가장 큰 단점이 학비가 비싸다는 것이다. 그러다 보니 여기에서 차별이 생기고 엘리트 교육이니 귀족 교육이니 하는 말이 나오게 된다. 그래서 어깨동무학교는 웬만한 중산층 사람이라면 큰 부담 없이 누구나 보낼 수 있는 선에서 학비를 정한다.

이를 위해 현실적으로 학교 예산을 분석했다. 학교 운영에 있어서 건물이 가장 많은 예산을 차지한다.

"6년 전, 제가 처음에 학교를 시작한다고 했더니 사람들이 학교가 어디 있냐고 묻더군요. 그래서 우리 학교는 건물이 없다고 대답했습니다."

교장 선생님은 어깨동무학교라는 이름 옆에 '건물 없는 학교'라고 써 놓았다. 건물에 많은 돈을 투자하면 학비는 비싸질 수밖에 없다. 교회가 이미 소유하거나 임대하고 있으면서 주중에는 대부분 비워놓는 공간을 학교 공간으로 활용하고 오히려 재정을 좋은 교사를 확보하고 학생들에게 더 투자할 수 있게 된다. 다양한 장학 혜택을 교회가 주며 지역과 성도 자녀들을 신앙 안에서 양육할 수 있는 기독교 학교가 어디에서든지 가능하다.

어깨동무학교에서는 아이들 7~8명당 선생님 한 분의 구조다. 학비는 일인당 50만 원 정도다. 다른 대안학교 학비와 비교하면 매우 저렴하다. 그래서 아이들이 최소한 6~8명만 있다면 선생님과 파트너 선생님, 이 두 분의 급여와 아이들 교재 비용, 기타 비용 등을 다 해결할 수 있다. 즉 학생 최소 6명에서 8명에 교사 1명이 있으면 학교를 시작할 수 있다는 말이다. 현재 어깨동무학교는 풀타임, 파트타임, 자원봉사를 모두 포함하여 학교마다 10~15명의 선생님이 함께하고 있다. 이분들만으로도 다양하고 우수한 커리큘럼을 진행할 수 있다.

셋째, 다음세대를 섬길 기회가 많아진다.

교회가 크면 클수록 유리한 점이 많다. 교회가 크면 여러 자원이 풍성하기 때문이다. 한 예로 현재 한국 사회가 학벌과잉사회가 되다 보니 인적자원이 많다. 이것은 곧 아이들을 섬길 수 있는 자원들이 많다는 것을 의미한다. 교회가 학교를 만들어야 한다는 것은 단지 건물이라는 하드웨어 때문만은 아니다. 이러한 인력들이 자신의 재능을 사용할 장을 마련해준다는 의미도 포함되어 있다.

사실 대다수 교회가 교육부서를 두고, 다음세대 교육을 부르짖고 있지만, 실제로 할 수 있는 것은 주일학교 아니면 수련회, 특별집회 정도다. 그러나 교회가 대안학교를 만들면 문제가 달라진다. 주중에도 교육 활동에 직접 참여할 수 있다. 어깨동무학교 아이들은 일반학교 100~200명의 아이가 누릴 수 있는 특권을 10~20명이 오붓하게 누리고 있다. 강사비나 수고비를 전혀 받지 않고 와서 아이들을 가르쳐주고 섬겨주시는 분들이 있기 때문이다. 그러다 보니 교육의 질은 절로 높아진다.

어깨동무학교 이야기

● ● ●

윤은성 교장 선생님은 교육은 희생과 투자라고 말한다. 교회가 학교를 세워 재정적 이득을 추구하거나 교회 성장의 도구로 수단화하는 것을 경계하는 이유다. 자신들이 누리는 혜택이 누군가의 희생과 헌신에 의한 것이라는 사실을 아이들이 아는 것이 중요한 교육이라 말한다. 어깨동무학교 학생들은 목사님들과 선생님들의 작은 호의에도 크고 깊게 감사한다.

학생들이 MT를 한다는 이야기를 듣고 지방에 있던 교장 선생님이 치킨이라도 사주라고 선생님에게 재정을 보내자 학생들은 화상통화를 걸어 차려놓은 치킨을 보여주며 직접 감사 인사를 밝게 건넨다. 선생님들의 생일이나 스승의 날에는 졸업생들이 함께 약속하여 줄지어 학교를 찾아온다. 정성스럽게 적은 손편지와 마음을 담은 편지도 전달한다. 자기들이 졸업하여 어딘가에 갔을 때 예의 바르고 괜찮은 학생이라고 칭찬받는다면 그건 전부 어깨동무학교와 선생님들 덕분이라고 말한다.

교사들 가운데 월급을 받고 학교 통장으로 20~30만 원씩 입금하는 교사들도 있다. (참고로 선생님들 급여는 일반학교 교수 급여에 비해 적은 편이다.) 이분들에게는 학교가 직장이라기보다는 사역지인 것이다. 어디 내놓아도 절대 뒤지지 않는 프로필을 지닌 선생님들이다. 이처럼 스승과 제자의 관계가 친밀하고 끈끈했다. 선생님들은 아이들에게서 변화를 볼 때마다 감사하지 않을 수 없다고 했다.

어깨동무학교 고유의 문화가 만들어졌다. 이따금 어깨동무학교를 방문하고 나서 똑같은 방식으로 학교를 시작하는 분이 있다. 그런데 절차나 형식이나 방법을 그대로 따라했지만 잘 안 되는 경우가 있다. 그 이유를 이렇게 설명했다.
"이 안에는 저희만의 특별한 문화가 있거든요. 이것은 돈으로도 해결이 안 되는 것입니다. 오로지 선생님들의 희생과 헌신 그리고 그것을 알고 있는 아이들이 만들어 내는 문화입니다."
역시 교육은 절대 사업이 되면 안 된다는 것을 다시 한번 확인했다.

교육은 희생과 헌신과 사랑이다.

　설립자이며 교장 선생님인 윤은성 목사는 어깨동무학교 네트워크를 시작부터 7년을 책임지고 있지만, 학교에서 월급을 받은 적은 없다. 어깨동무학교가 벌써 10개 정도가 된다고 하니 교회 밖 사람들은 목사님이 학교 재벌인 줄 아는 사람도 있다고 한다. 다른 목사님도 이 점에서는 마찬가지다. 만일 학교를 통해 수익을 취한다면 어깨동무학교를 절대 운영할 수 없다. 이런 원칙들을 지키지 않으면 어깨동무학교 네트워크에 함께할 수 없다.

　결국, 아이들은 지도자나 교사의 희생과 헌신을 먹어야 제대로 자란다. 교사들은 아이들의 삶에서 그 열매를 확인한다. 그리고 이러한 스승 밑에서 자라난 아이들은 나중에 사회로 나갔을 때, 배운대로 행한다. 챙길 것을 다 챙기는 문화 속에서 자란 아이들은 희생과 헌신을 배우지 못하고 행하지도 못한다. 교장 선생님은 다시금 강조했다.

　"견고한 원칙과 깊은 철학과 방법론 외에 어깨동무학교에는 저희만의 내적인 문화가 있습니다."

　자녀 입학에 대해 상담하러 오는 부모들은 학비에 대해 듣고 놀란다. 그런데도 어깨동무학교가 한 번도 적자를 낸 적이 없다는 것에 또 한 번 놀란다. 전국에 산재한 어깨동무학교 가운데 재정이 어려워 문을 닫은 학교는 한 군데도 없다.

　순천 어깨동무학교에서 서울로 올라왔다. "번개탄TV"(다음세대를 위한 유튜브 방송) 예배에도 참여하고, 홍대에 가서 뮤지컬, 연극 공연도 보면서 즐겁게 지냈다. 또 서울 어깨동무학교 아이들이 제주도에 내려가면 모든 준비를 다 해주고 챙겨준다. 제주 아이들이 서울에 왔을 때도 마찬가지다. 그 가운데는 지하철을 타보는 것이 소원인 아이들도 있다. 이 아이들과 함께 야구장도 가고, 지하철을 2시간이나 타기도 했다. 창원 어깨동무학교 아이들이 서울에 와도 마찬가지다. 아이들이 자유롭게 쇼핑도 하고, 식사도 함께하고 학교에서 먹고 자며 재미있어 한다. 이처럼 어깨동무학교는 서로 네트워크가 잘 되어 있고, 어깨동무처럼 친밀하다. 서로 계산 같은 것은 전혀 안 한다.

흩어져 있는 학교들의 공동체성을 위해 일 년에 몇 차례 전국 캠프를 지역별로 순회하며 가진다. 기본 비용 외에 아이들 간식과 선물이 늘 풍성하다. 누구에게 따로 부탁하지 않아도 각 학교에서 학부모들과 성도들이 간식을 준비하여 직접 와서 섬기거나 보내오는 일이 항상 넘치기 때문이다. 아이들이 행복하면 된다. 학교생활이 즐겁고 행복하고 평생 존경하고 따를 목회자와 교사와 친구를 만나는 장이면 충분하다.

학교를 그리라면 한반도를 그리는 아이들

• • •

"애들에게 학교를 그리라고 하면 한반도를 그리고 각 지역 학교를 표시합니다."

윤은성 목사는 통일에 관심이 많다. 통일되면 북한에 이런 교회, 이런 학교를 세울 것이라는 비전을 아이들도 공감하고, 공유한다. 이 아이들이 생각하는 학교는 한반도 안에 있는 어깨동무학교다.

실제로 윤 목사는 20년 이상 북한 관련 일들을 도왔다.

"통일되면 제일 먼저 해야 하고 중요한 일이 뭘까? 저는 당연히 교육이라고 생각했지요."

왜냐하면, 거의 세뇌되다시피 한 북한 주민들의 사고, 그들만의 견고한 세계관을 깨뜨리려면 엄청난 시간이 걸릴 것이다. 그러나 아직 세계관이 형성되지 않은 어린아이들에게 기독교적 가치를 담은 교육을 한다면, 한반도는 자연스럽게 같은 세계관과 가치관을 공유하게 될 것이다. 만일 북한이 열린다고 해도 당장 가서 교회를 지을 수는 없다. 제일 먼저 가능한 것이 비즈니스와 교육이다.

비즈니스 쪽을 준비하는 사람들이 있고, 교육을 준비하는 사람들이 있다. 각자 영역에서 성실하게 준비하고 있다. 교육에 있어서 윤 목사의 주장은 이러하다.

"언제 북한에 가서 땅을 사고, 건물을 짓고 하겠어요?"

북한 각 지역에 잘 훈련된 교사 2명씩만 들어간다면, 그곳에 학교가 세워질 수 있다. 그래서 윤 목사는 이러한 학교 프로젝트를 북한 선교 단체들과 공유하고, 함께 기도한다. 다양한 북한 관련 사역 단체와 어깨동무학교가 네트워크를 형성하여 북한이 열리고 우리가 들어갈 수 있게 되면 준비된 교육 선교사를 파견하겠다는 계획이다.

한 마을에 기독교 학교가 세워지면, 그 마을 사람 전체가 복음을 받게 된다. 시인 윤동주를 배출한 명동학교를 보라. 이 학교를 통해 명동 마을 전체가 예수를 믿게 되었다. 교사 두 사람만으로도 충분히 소화할 수 있는 커리큘럼을 어깨동무학교에서는 이미 실험했다. 이제 통일이 되면 북한 전역에 기독교 학교가 세워질 것이다. 이것이 어깨동무학교 설립자의 비전이다.

"교사 두 사람이 우리 커리큘럼을 충분히 다 할 수 있는데, 저희가 이미 다 실험했고, 이렇게 훈련된 교사들이 북한 전역에 들어가서 학교를 먼저 확산시키는 의도를 처음부터 갖고 시작했죠. 이러한 목표를 보다 현실적이고 구체적으로 지원할 기관들이 많이 생겨나고 있습니다."

나 역시 영·유아 문제나 다음세대를 위한 교육 문제의 꿈을 놓지 않고 있다. 이것은 어제오늘에 품은 꿈이 아니다. 20여 년 전부터 미래를 내다보며 기도하고 준비했던 꿈이다. 초기에는 많은 사람이 생뚱맞게 무슨 기독교 대안학교냐는 식의 반응을 보였다. 그러나 요새는 나와 같은 꿈을 갖고 서로 동역하기를 원하는 사람이 많아졌다. 하나님의 때가 무르익어 감을 느낀다.

어깨동무학교와 우리 CTS기독교TV가 협력하고 도울 부분이 많다. 한국 교회를 건강하게 만들고, 한국 교회의 미래, 다음세대의 미래를 준비한다는 공통 목표가 있기 때문이다.

코로나19로 인해 한국 교회가 지역사회에서 잠재적 위협 집단이 된 지 오래다. 교회 발 감염자 발생으로 커뮤니티 전체가 마비될 수도 있다는 생각이 퍼졌기 때문이다. 교회와 교인들을 향한 대중의 시선도 예전과 사뭇 다르다. 어쩌면 그동안 축적된 교회에 대한 불신이 코로나

19를 계기로 표출되었을 수 있다. 그러나 다음세대를 통해 교회의 위상을 다시 세우고, 성경 말씀의 권위가 회복되고, 이 나라가 하나님께 다시금 쓰임받을 것이다. 이를 위해 다음세대들이 준비하고 있다. 기독교 정신으로 무장하고 뛰어난 실력을 다진 아이들이 다음세대의 정치, 사회, 경제 전 영역에서 선한 영향력을 발휘할 것이다.

"우리 애가 대학 갈 수 있습니까?"
• • •

"한국 부모들의 욕심은 한결같지요. 모두 내 자식 좋은 대학에 보내고 싶어 합니다."

이것도 부모로서의 하나의 꿈일 수 있으므로 무작정 무시할 수 없다. 다만 기독교 대안학교에 입학할 때의 초심을 다시 한번 더 확인했으면 한다. 아이마다 서로 재능과 능력이 다르므로 평준화라는 단어 하나로 획일화시킬 수는 없다.

"하나님이 각 사람을 다 다르게 만드셨지 않습니까?"

어느 시대에 있어서나 교육은 대한민국 최고의 관심사다. 따라서 교회에서 대안학교를 시작하면 교회는 중립지대가 된다. 아울러 지역 주민들과의 접촉점도 늘어난다. 윤 목사는 학교 설명회나 부모 자녀교육 특강에서도 남다른 설득력을 발휘한다. 그런데 이러한 특강에는 비그리스도인들도 많이 참여한다. 교육이라는 주제가 종교를 초월한다는 것의 반증이다.

어깨동무학교에 입학하려면 부모들이 내려놓아야 할 것이 많다. 마치 모든 것을 내려놓고 주 앞에 나아가듯, 기대와 욕심을 다 내려놓아야 한다. 이렇듯 어려운 조건에도 동의하고 아이를 보내는 부모들이 많다. 그런데도 변하지 않는 것이 하나 있다.

"우리 애가 대학에 갈 수 있습니까?"

이 질문은 매우 현실적이고, 중요하다. 아이들의 미래와 관련된 문제이기 때문이다.

여기에는 기존 대안학교들의 책임도 있다. 특히 지난 10여 년간 많은 대안학교가 비슷한 시행착오를 반복했다. 국제 교육이니 영어 교육이니 하면서 학부모들의 관심을 끌었는데 실상 영어 교육이 실패했다. 그렇다고 수능준비를 제대로 시킨 것도 아니다. 그러니 졸업을 앞둔 아이들은 갈 바를 모를 수밖에 없다.

따라서 지금부터라도 대안학교를 준비하는 사람들은 아이들의 진로 문제를 염두에 두고 시작해야 한다. 즉 다양한 옵션을 준비해야 한다. 모든 아이가 미국, 영국 등 서구 국가에만 유학을 갈 수는 없다. 또 그곳으로만 갈 필요도 없다. 한 예로 몽골국제대학교 같은 경우, 아이들에게 아주 좋은 옵션이 될 수 있다. 우선 지리적으로 우리나라와 가깝다. 학비도 훨씬 저렴하다. 모든 교수가 영어로 강의하고 역량도 높다.

국내 대학은 또 어떠한가? 한동대학교의 경우 대안학교를 위한 전형이 따로 있다. 한동대학교에서는 대안학교 교사들을 위한 교사세미나를 계속 개최한다. 한동대학교처럼 대안학교 전형 비율을 높이는 학교가 계속 늘어나고 있다. 국내 대학뿐 아니라 미국 여러 지역의 길을 열어가고 있다. 무엇보다 온라인으로 학사부터 석사와 박사까지 공부할 수 있는 길이 해외 대학들에서 더 많이 열리고 있다.

학교는 아이들의 디딤돌 역할을 할 수 있어야 한다. 단지 진로를 위해서가 아니라 자신의 삶을 한층 고양할 수 있는 디딤돌이다. 그래서 어깨동무학교에서는 16세 정도가 되면 고졸 검정고시까지 마치도록 하고 있다. 그다음에는 진짜 교육을 시행한다. 대학 진학이나 수능을 위해서가 아니라도 기본 학력을 간과할 수 없기 때문이다. 그래서 시간을 압축해서 효율적으로 교육한다. 드디어 작년부터 16~17세에 검정고시를 끝내는 아이들이 나오기 시작했다. 고등학교 2학년 나이에 이미 백석대학교 ICT 학부 2학년인 학생도 있다.

윤 목사님의 아들은 원래 강남에서 내로라하는 국제학교에 입학했다. 그러나 어깨동무학교를 시작하면서 아들을 이곳으로 옮겼다. 주위에서 미쳤다는 말까지 들었다. 그 무렵 윤 목사님이 세운 학교는 조그만 교회였고, 학생 수는 4명뿐이었다. 반면에 자기 아들을 데리고 갈 정도면 믿을만하다고 말하는 사람들도 있었다. 얼마 지나지 않아 아들이 이전 학교(국제학교)도 좋았지만 여기(어깨동무학교)가 훨씬 행복하고 좋다고 말했다.

그다음 단계가 인문학, 성경, IT, 즉 4차 산업혁명, AI, 클라우드 등에 대해서 배운다. 그리고 다양한 직종에 종사하는 사람들을 초청하여 아이들과 만남의 시간을 갖게 한다. 이를 위해 아이들은 인터뷰를 통해 어떤 질문을 할 것인지 미리 준비한다. 그다음에는 "내가 만든 사람들"과 같은 제목으로 아이들이 책을 출판하도록 도와준다.

그 외에 창업 수업도 하고, IBM과 협력하여 BM(Business Mission: 기업 선교) 교육도 실행한다. 또한, 영어 수업의 강도를 높인다. 검정고시를 마치고 교과목으로부터 자유로워졌기 때문에 어학과 인문학적 소양에 몰입할 수 있다. 어깨동무학교에서는 인문학적 소양을 매우 중요시한다. 이 모든 학습 과정이 아이들에게는 버겁다. 특히 숙제하느라고 진땀을 뺀다. 윤 목사님의 아들마저도 집에 오면 한숨을 푹푹 쉬면서 이런 공부를 왜 하는지 모르겠다고 한다.

그러나 3개월만 지나면 확 달라진다. 비즈니스 선교 자료집이며 논문을 읽고 요약하고, 영어로 자신의 이야기를 쓰고, 동영상을 촬영하여 올리면서 대학생에 버금가는 분량을 소화해낸다. 그러다 보니 질문도 예리해져서 초청 강사들이 놀랄 정도다.

우리 팀이 방문한 날, 아이들의 수업이 4시에 끝났다. 그런데도 선생님들은 아이들을 데리고 놀이터에서 놀고 있었다. 이것은 그리 놀라운 일이 못 된다. 정말 놀라운 일은 선생님들이 밥을 한다는 것이다. 아침에 출근해서 제일 먼저 하는 일이 쌀을 씻어 안치고 취사 버튼을 누르는 일이다. 반찬은 아이들 각자 도시락처럼 싸 오기로 했다. 그런데 선생님들이 QT 교육도 해야 하고 정신없이 바쁘다 보니 취사 버튼을 누르는 것을 깜빡 잊은 적이 있다. 그리고 그 사실을 점심시간이 되어서야 알게 되었다. 이러한 해프닝은 선생님을 향한 고마움과 미안함이 되어 아이들에게 감동을 주고 그 아이들을 변화시켰다.

지금은 아이들 수가 20명이 넘어서다 보니 조리사 자격증을 받으신 권사님이 매번 국과 반찬을 해 주신다. 일반 급식업체에 의뢰하기에는 아이들 숫자가 너무 적기 때문이다. 밥은 여전히 학교에서 하고 있다.

윤 목사님은 하나님이 일하시는 방법을 보면 재미있다고 말했다.

"저희는 홈페이지도 운영하지 않습니다. 그런데도 물어물어 찾아오십니다."

어깨동무학교는 길을 만드는 자를 자처한다. 행정 서식부터 시작해서 교사 훈련, 교재, 기타 모든 것을 전수하고 공유한다.

사실 우리 팀만 해도 코로나19 때문에 대안학교 탐방을 하느냐 마느냐 고민했다. 그러나 코로나19가 옆에 있든 뒤에 있든 우리 갈 길을 가야 한다며 강행했다. 지금 내가 바라는 것은 수년 내로 국내 시도군에 500개 학교가 세워지는 것이다. 그리고 실제적인 도움을 서로 주고받으면서 CTS기독교TV가 플랫폼 역할을 하여 '한 교회의 한 학교 세우기'의 행보를 계속하는 것이다.

❖ **개요**
- 설립연도: 2016년 개교
- 인가 여부: 비인가
- 주소: 판교 캠퍼스(경기도 성남시 분당구 운중로 253 TS 로드 1빌딩 2층 심플교회) 외 전국 9개 지역
- 운영 형태: 7~19세
- 대표 교장: 윤은성 목사 외 각 학교 교장
- 기숙 여부: 통학만 가능

❖ **교육목표**
시대를 책임지는 하나님의 사람 양육

❖ **교육과정 및 특별 프로그램**
- SOT 기본 교과 사용
- 연령별 교육과정은 다음과 같다.

어깨동무학교 메인 커리큘럼			
SOT 교과(영어, 수학, 과학)	역사 & 인문학	실용적 과목	예체능 과목
나이 (Age)	교과목		
7–10	성경과 예배, 영어, 중국어와 한문, 문학, 수학, 과학, 역사와 지리, 예체능, 현장 학습		
11–15	성경과 예배, 영어, 중국어와 한문, 문학, 수학, 과학, 역사와 지리, 예체능, 현장 학습 검정고시 준비		
16–19	성경과 예배, 영어, 중국어와 한문, 문학, 수학, 과학, 역사와 지리, 예체능, 현장 학습 검정고시 준비, 대학 진학 준비, 전문직업 준비		

❖ **기타**
- 어깨동무사역원은 1997년 미국, 2003년 한국, 2014년 필리핀, 2015년 캄보디아에 설립되었다.
- 전국 9개 도시에 어깨동무학교 네트워크를 형성하고 있다.

알아보기

덴마크 자유학교

■ **자유학교의 뿌리**

150여 년 전에 탄생한 덴마크의 자유학교는 대안학교의 선구적 형태라 할 수 있다. 덴마크의 자유학교를 논할 때면 으레 떠오르는 인물이 있다. 프레데릭 세베린 그룬트비(1783~1872)다. 그는 목사의 아들로 태어나 성직자이며 문인이며 음악가이며 정치가이며 실천적 사상가로 활동했다. 그는 자유교회를 세웠는데 그 취지는 자유 정신으로 하나님을 믿고 체험하자는 것이었다. 이 교회를 통해 감동한 한 교사가 그룬트비의 자유 정신을 토대로 한 학교를 세웠다. 일종의 초등학교다. 15명으로 시작한 이 학교의 학생들은 불과 6개월 만에 변화되기 시작했다. 그리고 이러한 자유학교는 덴마크 전역으로 확산하였다.

자유 학교는 암기, 지식 위주의 교육을 비판하고 실제 생활에서 필요한 실제적 안목과 지식, 기예에 대한 학습을 중시했다. 특이할 만한 것은 그 당시 유럽 지배계층이 상용하던 라틴어를 거부하고 덴마크어를 회복시켰다는 것이다. 즉 민중을 위한 신화와 역사와 시를 엮어낸 것이다.

'프리스콜레'는 영어 'Free School'로 우리나라에서는 '자유학교'로 통용하고 있다. 현재 덴마크에는 공립학교와 대안교육을 지향하는 자유학교가 있다. 이 자유학교가 덴마크의 정신을 지탱하고 발전시키는 중추적 역할을 했다. 그룬트비는 자유학교를 통해 자신의 신념을 구체화했다. 그러나 덴마크 자유학교는 기존 공립학교와 대립하지 않고 상호 보완적인 관계를 유지해왔다.

■ **자유학교의 특징**

현재 덴마크에는 약 80여 개의 자유학교가 있다. 저마다 다양한 특성이 있다. 유형별로 구분하자면 자유초등학교, 자유중학교, 예술·공예학교, 여행하는 자유학교 등이 있다. 또한 교원양성대학도 자유학교에 포함할 수 있다. 이들 자유학교는 모두 정부의 지원을 받지만 교육 내용에 대한 간섭은 전혀 없다. 그러나 정부에 재무(재정) 보고 등의 의무를 수행해야 한다.

자유학교의 특징은 자율권을 보장한다는 데에 있다. 특히 직원 고용, 학생 선발, 재정 관리, 커리큘럼 선택, 교사의 교수법, 시험 및 시험없는 평가 제도 수행 등에 있어서 그러하다. 자유학교는 시험도 졸업장도 없고, 국적과 관계없이 누구나 입학할 수 있다. 대다수 자유학교의 총 학생 수는 몇십 명 선이며, 대다수가 기숙사 생활을 한다.

■ 자유학교 유형

- 프리스콜레: 1~10학년에 상응하는 아동과 청소년이 다니는 자유학교 초등과정이다. 굳이 이름을 붙이자면 '자유초등학교'로 공교육과 협력관계를 아주 잘 유지하고 있다.

- 에프터스콜레: 8~10학년, 즉 14~18세 청소년들을 위한 중등학교다. 덴마크 전역에 약 60여 개의 애프터스콜레가 있다. 학생들이 스스로를 돌아보고 성찰할 수 있는 장을 마련해주며, 대학입학 및 여러 진로교육을 실질적으로 실행한다. 에프터스콜레는 영어 애프터 스쿨(after school)로 표기하다 보니 우리나라에서는 방과 후 수업과 혼동하는 사람들이 종종 있다. 에프터스콜레는 기숙형 자유학교가 주를 이루며, 여러 유형의 학교로 구분된다.

- 폴케호이스콜레: 18세 이상 청년과 성인 대상 시민대학이다. 덴마크 전역에 약 260여 개의 폴케호이스콜레가 있다. 대개 고등학교 졸업생이나 일반 시민이 선택하는 학교다. 최소 3개월에서 1년 이상의 교육과정으로 단기 기숙학교로 잘 알려져 있다. 폴케호이스콜레를 모태로 많은 평생교육 기관들이 생겨났다.

■ 자유학교의 의미와 가치

자유학교에서는 공교육 기관에서 할 수 없는 실험적 교수법이 가능하며, 이것은 곧 교육 혁신으로 이어진다. 자유학교의 교수법은 덴마크 교육 전체에 큰 영향을 미쳤다. 그리고 공립학교에서도 자유학교의 좋은 교수법이나 신선한 아이디어를 도입해서 실행한다. 그 한 예가 '팀 티칭'(team teaching)으로 창의적 체험활동 및 자율적 학습 공동체를 확산했다.

무엇보다 자유학교는 교육의 진정성, 인간 존중, 민주교육 풍토를 조성했다. 이것은 많은 나라가 덴마크의 자유학교를 벤치마킹하는 이유 가운데 하나이기도 하다. 덴마크 자유학교와 대안교육이 근세사에 있어 세계적인 영향을 미치고 있다는 것은 틀림없는 사실이다. 끝으로 덴마크 대안학교는 '특별한 아이들'이 다니는 학교가 아니라 창의적이고, 실험정신이 강한 아이들을 키워내는 학교다.

현재 덴마크 교육시스템은 공교육과 덴마크 아이들의 20%를 수용하고 있는 자유학교가 대안이자 보완책 역할을 해 주고 있다.

늘사랑기독학교
10년의 기도와 준비로 세운 학교

심종준 교장 선생님과 함께 늘사랑교회 앞에서

교회와 학교와 가정이 하나 되어

• • •

　교육의 출발은 가정이라고 역설하는 정승룡 목사님이 1999년에 한국으로 귀국하셨고, 학교 설립에 대한 비전을 제시했다. 그 후 Y2K(밀레니엄 버그. 컴퓨터가 2000년 이후의 연도를 제대로 인식하지 못하는 결함)로 떠들썩하던 2000년도부터 학교 설립의 뜻을 세우고 준비했다. 3년에 걸쳐 조사하고, 설립위원회도 만들었다. 그리고 10년을 기도로 준비한 후

2010년에 개교했다. 개교할 때 학생 수는 32명이었는데 지금은 100명 정도고, 다음 해 신입생은 100명 선을 넘을 것으로 전망했다.

임시 건물에서 학교가 처음 시작할 때에는 교실도 없었다. 예배당, 고등부 예배실 등을 빌려 책걸상을 놓고 공부를 가르쳤다. 주말이 되면 모두 치우고 다시 예배 공간으로 바꿔놓곤 했다. 한 3년 동안 이런 방식으로 학교를 운영했다. 그런데도 아이를 보내주셨던 1기생 부모들의 헌신에 깊이 감사한다. 그분들이 현 늘사랑기독학교의 큰 밑거름 역할을 했다.

■ 대안학교를 설립할 때부터 환경적 여건도 좋았고 교사 수급에서도 별 어려움이 없었다. SOT를 교과과정으로 채택하고 있는 많은 대안학교가 예체능 과목이나 기타 추가과목을 가르칠 선생님을 구하는 데 많은 어려움을 겪고 있다. 그러나 늘사랑기독학교는 모든 교사를 교회 안에서 충당했다. 교회 성도가 강사가 되어 체육, 음악, 미술 등을 지도했다.

학교와 가정과 교회가 한 축이 되어 균형 잡힌 교육을 실행하고 있다. 아이들의 수업은 대개 4시 50분에 끝난다. 방과 후 별도의 과외학습은 금지하고 있다. 학교에서 배운 것들이 가정으로 이어지지 못하는 경우가 많다. 따라서 가정과 부모의 역할은 매우 중요하다. 기숙사에 대한 요구가 있었지만 배제했다. 교육에 있어서 가정의 역할이 빠져버리기 때문이다.

늘사랑기독학교는 '말씀대로 살아가는 인재'를 키우는 학교다. 성경적 세계관을 토대로 섬기는 지도자를 배출하는 것을 목표로 삼고 있다.

모든 교사가 선교사의 마음으로

• • •

현재 심종준 교장 선생님과 15명의 선생님은 참교육 공동체를 꿈꾸며 아이들을 가르치고 있다. 12학년제로 초기에는 3~4학년을 대상으로 시작했다. 중간에 고학년을 가끔 받기도 했으나 저학년에 비해 고학년생들에게는 큰 효과가 없었다. 그래서 약 3년 전부터는 입학 연령을 1학년까지 낮추었다. 이따금 5~6학년 아이들이 들어오기도 하는데 본인들이 힘들어했다. 익숙하지 않은 환경 탓도 있겠지만 SOT 과정을 따라가기가 힘들기 때문이다. 그래서 역시 어릴 때부터 교육하는 것이 중요하다는 것을 다시 한번 확인했다.

2년 전부터 선교원을 시작할 생각을 했으나 마땅한 장소가 없어서 유보된 상태였다. 어릴수록 효율적인 교육을 할 수 있다는 것은 누구나 다 아는 사실이다. 유치원 때부터 대안학교에서 교육을 시킨 부모들은 초등학교도 대안학교를 선택한다. 신뢰가 이미 구축되었기 때문이다. 오히려 초등학교, 더 나아가 중·고등학교 과정을 원한다. 반면에 일반 교육을 받다가 중도에 대안학교로 옮길 때에는 결정을 내리기까지 많은 고민이 뒤따른다.

늘사랑기독학교에 대한 입소문이 나다보니 학생 수가 날로 늘어나고 있다. 그러나 교회 공간은 제한되어 있기 때문에 기존의 행정실이나 교장실 등 사용 가능한 공간을 모두 교실로 바꾸었다. 늘사랑기독학교는 주중에 비어 있는 교회 건물을 알차게 거의 모두 사용하고 있다.

교사 급여나 기타 예산을 수업료만으로 충당하기에는 아직 미흡해서 교회에서 지원받고 있으나 언젠가 자립할 기대를 하고 있다. 교사 급여와 인건비는 수업료만으로도 충분히 해결할 수 있지만, 수업 외의 활동이 많아 자립이 미뤄지고 있다. 교사 급여가 일반학교와는 비교가 안 되는 수준이나 교역자 급여 수준에 맞추고 있다. 선생님들 또한 선교사의 마음으로 헌신하겠다는 마음을 지니고 있으므로 액수에 크게 연연하지 않는다. 자녀들 역시 대다수가 이 학교에 다니고 있으므로 학교생활이 곧 가정생활이기도 하다. CTS기독교TV 방송을 통해서도 이미 여러 차례 학부모들의 이러한 헌신이 방송되기도 하였다.

■ 봄가을에 전교생이 캠핑하러 간다. 일주일 혹은 4박 5일간 캠핑을 하려면 적지 않은 예산이 들어간다. 아이들에게는 수업료와 식비만 받고 있다. 캠핑을 처음 시작할 때만 해도 캠프장 프리존(free zone)이 많지 않았으나 갈수록 늘어나서 아이들과 함께 갈 수 있는 곳이 많아졌다.

성령, 선교, 사람, 균형이라는 네 가지 핵심가치를 추구하는 학교다. 특히 균형 잡힌 교육을 위해 '루트 앤 윙'(Root & Wing: 지식의 날개 이전에 먼저 하나님의 사람으로서 뿌리를 내리는 것을 의미)의 철학을 실천하고 있다.

루트 앤 윙에 대해 간략히 설명하자면 다음과 같다.

■ **루트: 하나님을 경외하는 사명인**

하나님을 경외하는 사명인으로서 말씀과 기도와 성령의 다스림을 받는다. 이를 위해 성경을 암송하고, 20권에 달하는 개인 성경연구 교재를 마스터한다. 매일 QT와 중보기도 시간을 갖는다. 비전 트립을 통해 선교 현장을 체험한다.

■ **앤(&): 지혜로 가득한 인격인**

캠핑, 생태 학습 등을 통해 자연 속에서 건강한 몸을 연마한다. 책 속에서 지혜를 배우기 위해 2중 언어로 1천 권의 책을 읽는다(Bilingual Reading). 탁월한 언어능력 습득을 위해 그리고 지역봉사 활동을 통해 배우고 익힌 것을 실천한다.

■ **윙: 세상을 섬기는 지성인**

SOT 커리큘럼의 장점을 살려 자기주도학습을 훈련한다. 틀에 갇힌 시험이 아닌 개인적 피드백과 에세이를 통해 학습 성과를 진단한다. 프레젠테이션 능력을 강화하고 각 사람이 지닌 달란트를 극대화한다.

전 세계로 흩어지라

● ● ●

이 학교를 다니다가 이사하거나 기타 이유로 일반학교에 전학하는 아이들이 있다. 그러나 이 아이들은 이미 SOT를 통해 자기주도학습 훈련을 받았기 때문에 어느 곳에서든 스스로 잘 해낸다.

한편 SOT 교육만으로 국내 대학교에 진학한다는 것은 절대 만만치 않다. 물론 한동대학교를 포함하여 약 11개 대학이 입학사정관 제도를 통해 비인가 대안학교 학생도 지원할 수 있다. 그러나 전국의 대안학교에서 다 몰려들다 보니 경쟁이 치열하다.

그래서 늘사랑기독학교 아이들은 세계로 눈을 돌리고, 세계로 흩어지라고 배운다.

시선을 밖으로 돌리면 더 많은 길이 보인다. 굳이 선진국이 아니더라도 우리나라의 서울대학교와 같은 해당 국가의 국립대학에 입학할 수도 있다. 그곳에서 장차 그 나라의 정치·경제·문화를 주도할 친구들을 사귈 수 있다. 국내 유명 대학교나 아이비리그 대학교에만 연연하지 않고 세계 곳곳으로 흩어지는 것은 곧 하나님 나라를 위한 미래 투자이

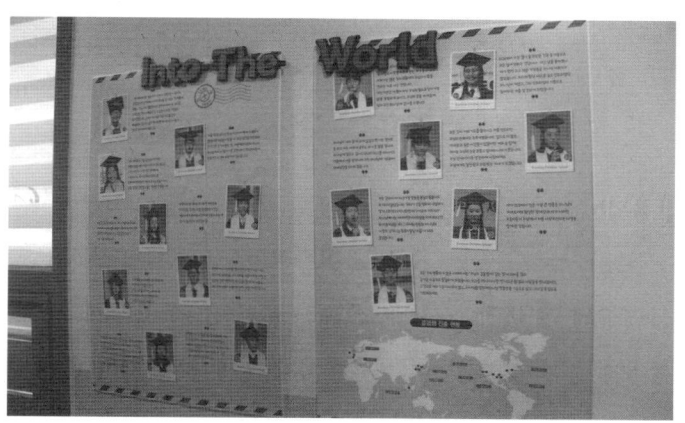

세계로 흩어진 졸업생 현황

기도 하다. 더구나 다음세대는 온라인 세대이기 때문에 전 세계에 믿음의 친구들과 네트워크를 형성할 수 있고, 이것은 엄청난 힘을 발휘하게 될 것이다.

아직은 졸업생 수가 그다지 많지 않지만 어릴 때부터 이곳에서 차근차근 교육을 받은 아이들이 미국, 영국, 네덜란드, 아시아 등 여러 나라에 가 있다. 앞으로는 그 수가 점점 더 늘어날 것이다. 갈수록 학생 수가 줄어들고 있고, 선진국의 유명 대학교들도 이미 기존 대학교육의 비효율성을 인정하고 온라인교육을 확대해나가기 시작한 지 오래다. 이제 대학교 졸업장 자체가 필요없는 시대가 예상보다 빨리 올 수 있을 것 같다. 즉 대학교 졸업장 자체가 스펙으로 작용하는 시대는 지날 것이다. 진정한 스펙은 예수님을 닮은 성품이다. 사회에서도 가치있게 여기고 원하는 성품이 예수님의 성품이 아닌가?

검정고시 준비는 학교 차원이 아니라 개인적으로 준비하고 있다. 전교생이 SOT를 꾸준히 공부하고 있으므로 학습능력이 강화되어 있다. 주로 고1, 2학년 때 대입 검정고시를 치르는데, 단 2~3주만 공부하고도 90점 이상의 점수가 나온다.

검정고시 준비나 SAT를 학교 측에 부탁하시는 부모도 이따금 있었지만 지금은 학생들 스스로 SAT 교재를 사서 집에서 공부하고, 모르는 것은 학교에 와서 묻곤 한다. 대신 3~4주에 걸친 신입생 학부모들이 의무적으로 참여하는 학부모 EPA(Everlove Parents Academy) 교육을 통해 가정과 학교가 동일한 가치관과 철학으로 하나되는 시간을 갖는다. 부모는 곧 가정의 교사이고, 아이들의 일차적인 양육 책임자이기 때문이다. 늘사랑기독학교가 대학입시를 위해 설립된 학교가 아니기 때문이다. 학부모가 원하는 것을 다 하다 보면 학교의 원래 목적이 흔들릴 수 있다.

경험과 정보를 공유하라
• • •

■ 늘사랑기독학교가 늘사랑교회의 공간을 이용하고, 연간 일정액을 보조받지만, 독립적이고 자체적으로 재정을 운영하고 있다. 담임목사님이 이사장이시지만 교회는 학교 운영에 있어서 통제하거나 간섭하지 않는다.

그런데 비인가 대안학교는 세제 혜택이나 공제를 받을 수 없는 구조로 법적 제한을 받고 있다. 다행히 교회에서 학교를 또 하나의 교회, 선교단체로 등록시켜주었기 때문에 법적 지위를 얻게 되었다. 정승룡 담임목사가 대전온천한국침례교회지방회에 교육선교회교회라고 하는 종교 단체로 설립을 요청했다. 그러나 대안학교에 대한 이해가 충분치 않았기 때문에 많은 고민 끝에 정관까지 모두 바꾸면서 받아들였다. 세제 혜택 여부는 학부모들의 기부금과도 밀접하다. 즉 비인가 대안학교에 기부한 학부모들은 세액공제 혜택을 포기해야 한다. 그럼에도 불구하고 많은 학부모가 지난 10여 년간 학교에 헌신해왔다. 이에 대해 학교 측은 매우 감사하고 있다.

많은 비인가 대안학교가 세제 혜택을 받지 못하고 있다. 이 문제 해결을 위해 지자체의 교육협동조합에서 리서치도 하면서 오랫동안 고민해왔지만, 교육법 자체가 워낙 상위법이다 보니 아직은 이렇다 할 방법이 없다. 현 상황에서는 학원으로 등록하는 수밖에 없다. 협동조합을 설립하는 학교들도 있기는 하지만 세금 문제나 기타 실질적으로 보호받을 수 있는 것들이 별로 없다고 했다. 교장 선생님이 직접 지자체도 방문해보고, 세무서도 방문하기도 하지만 지원할 법적 근거가 될 만한 법안이 없다고 했다. 물론 지자체를 통해 교복, 급식 지원을 받는 학교도 있긴 하다. 비인가 대안학교 법제화로 법적 근거가 마련되었지만 앞으로 기독교 대안학교들의 특성을 인정하는 방향으로 시행령과 시행규칙이 만들어지기를 고대한다.

늘사랑기독학교는 10년이나 준비하고 세워진 학교이니만큼 남다른 경험과 노하우를 가지고 있을 것이다. 이것들을 지역 세미나 설명회

늘사랑기독학교 교실

를 통해 공유하기를 바란다. CTS기독교TV도 이 일을 위해 기꺼이 징검다리 역할을 할 것이다.

❖ **개요**
- 설립연도: 2010년
- 인가 여부: 비인가
- 주소: 대전광역시 유성구 은구비로 82, 1층
- 운영 형태: 1~12학년(심종준 교장을 중심으로 교사 16명)
- 기숙 여부: 통학

❖ **교육목표**
- 하나님을 경외하는 사명인, 지혜로 가득한 인격인, 세상을 섬기는 지성인을 키워낸다.
- 성령, 선교, 사람, 균형을 핵심가치로 삼는다.

❖ **교육과정 및 특별 프로그램**
- 영성훈련: QT, 성경통독, 개인·그룹 성경공부, 성경 역사, 수요예배, 금요기도회
- 핵심과목: 영어, 수학, 사회, 과학(SOT 교재 사용)
- 추가과목: 국어, 한국사, 한문
- 읽기 능력 : 1,000권 읽기
- 예체능: 태권도, 탁구, 오케스트라, 난타, 뮤지컬, 음악, 미술
- 공동체와 섬김 훈련: 생태 수업, AWANA, 지역 환경 미화, 장애우 예배 봉사, 국내외 단기선교

❖ **기타**

- 2003년 늘사랑교회에서 늘사랑학교 제안한 후 장학재단을 설립하고 2006년 학교 창립준비 위원회 구성했다. 2009년 입학생 선발 후 2010년 3월 1일 개교했다.
- 입학 전후 학부모를 대상으로 '가정 교사'로 세우는 정기 교육을 진행하고 있다.

폴앤다니엘학교
건강한 학교

폴앤다니엘학교 선생님들과 함께

"네가 낫고자 하느냐?"

• • •

폴앤다니엘학교 소개를 하기 전에 설립자 홍영수 교장 선생님(목사님)의 라이프 스토리를 듣지 않을 수 없다. 폴앤다니엘학교의 역사는 설립자의 간증과 함께 시작하기 때문이다.

홍 교장 선생님은 1979년 미국으로 유학을 떠났다. 미국에서 경영학을 공부하고 AICPA(미국공인회계사) 시험을 치렀다. 그 결과 99점이라는 높은 점수로 합격했다. 유례가 없는 점수였다. 그리고 미 재무성에 들어가 국제법 전문 특수요원으로 일했다. 미국과 글로벌 대기업을 검열하는 직책이다. 홍 교장 선생님의 목표는 미국이 어떻게 그처럼 잘사는 나라가 되었는지 배우는 것이었다. 그래서 경제구조를 비롯하여 여러 가지를 최대한 익힌 후 돌아와 대한민국을 위해 일하는 것이었다.

그런데 홍 교장 선생님이 삼십 대 후반이 되었을 때, 예수님을 영접했다. 요한복음 5장에 등장하는 병자와 베데스다 못에 관한 설교를 듣게 되었다. 그런데 "네가 낫고자 하느냐?"(요 5:6)라는 '로고스'가 '레마'가 되는 체험을 했다. 그리고 남은 삶을 주께 드리겠다고 결단하고 샌프란시스코에 있는 골든게이트 침례신학대학원에 입학했다. 처음에는 직장과 공부를 병행했으나 힘이 들어서 직장을 사임했다.

45세에 노바토한인침례교회에서 목회를 시작했고, 그곳에서 12년간 사역했다. 홍 교장 선생님은 교회 성도들의 자녀들을 책임지겠다고 다짐했다. 왜냐하면, 타국에서의 그들의 삶이 그다지 편하지 않았기 때문이다. 그래서 이 아이들의 교육과 선교, 봉사활동 등 전반적인 책임을 감당했다. 그리고 그 아이들 가운데 SAT(미국의 수능) 만점 받은 아이들도 있고, 하버드, 스탠포드, UC버클리를 포함하여 미국 명문대에 진학한 아이들도 있었다. 그러나 무엇보다 그 애들이 미국에 온 것은 무너져가는 미국을 한국의 영성으로 살리기 위한 것이라고 가르쳤다.

그 후 홍 목사님은 2009년 9월 한국으로 돌아왔다. 그 무렵 많은 아이가 대학 진학을 위해 교회를 떠난다는 말을 들었다. 그리고 이들을 도와야 한다는 책임 의식을 갖게 되었다. 그래서 미국에서의 경험을 토대로 아내와 함께 한국의 다음세대를 돕기로 결단했다.

한국에 오자마자 학교를 세웠다. 그때만 해도 기독교 대안학교에 대한 개념이 보편화하지 않았다. 그랬더니 "30여 년을 한국을 떠나 있던 사람이 한국의 교육상황이나 문화를 잘 모를텐데 무턱대고 학교를 시작하느냐.", "왜 멀쩡히 학교 잘 다니고 있는 아이들을 자퇴하게 만드느냐." 하면서 주변에서 말이 많았다. 학교를 꼭 하고 싶으면 최소한 3년은 살면서 한국 상황이 어느 정도 파악된 후에 하라는 조언도 했다.

모두 일리 있는 말이었지만 사람의 생각일 뿐이었다. 주께서 아이들을 향한 비전을 계속 불어넣으셨다. 그래서 오직 믿음 하나로, 또 부르심에 순종하는 마음으로 학교를 시작했다.

오직 기도 밖에는

• • •

교회에서 학교를 시작하려고 했으나 반대에 부닥쳤다. 그래서 학원 건물 임대계약을 했다. 한국에 온 지 6개월밖에 되지 않을 때였다. 건물도, 교사도, 교재도 다 준비되었는데 제일 중요한 아이들이 없었다. 2010년 3월에 개교해야 하는데 3월 1일까지도 단 한 명도 오지 않았다. 한국에 온 지 얼마 안 되니 아는 사람도 없었고, 이렇다 할 방법도 없었기에 기도만 했다.

"주님, 주께서 저를 이곳에 보내셨잖습니까? 학교를 시작해야 하는데 15명은 보내주십시오."

드디어 2010년 3월 23일 학교 문을 열었다. 학교 선생님들은 교재랑 아이들 점심 준비까지 다 해놓고 기다리고 있었다. 과연 아이들이 모였을까?

물론이다. 그것도 정확히 15명.

그렇다면 이 제반 비용을 어떻게 충당했을까? 홍 교장 선생님이 개인적으로 사재를 출연하여 그 돈으로 교사들의 급여도 지급하고 학교를 운영해왔다.

현재 폴앤다니엘학교의 교사와 스텝은 홍 교장 선생님 부부를 포함하여 모두 20명, 학생 수는 65명이다. 폴앤다니엘학교는 '건강한 학교'로 입소문이 났다.

폴앤다니엘학교는 신앙공동체로 기독교적 세계관을 토대로 세계적인 인재배출을 목표로 한다. 특히 실력 있는 인재 배출의 필요성은 홍 교장 선생님이 미국에서 직장생활할 때 국내외 대기업들을 감사하는 과정에서 생생하게 확인했다.

홍 교장 선생님은 신앙의 순수성과 실력을 함께 갖춘 인재를 배출해야 한다는 소명감을 갖고 있다. 특히 영어의 중요성을 강조한다. 시험을 위한 영어가 아니라 현장에서 제대로 소통할 수 있는 영어 실력을 갖추어야 한다는 것이다.

폴앤다니엘학교가 '순수한 신앙 뛰어난 실력', 말은 쉽겠지만 결코 만만한 일이 아니다. 그래서 아이들의 훈련을 매우 중요시한다. 신앙이나 악기를 배우는 것, 영어를 배우는 것, 모두가 훈련이 필요하기 때문이다. 심지어 사랑하는 법도 배우고 훈련해야 한다고 말한다. 사랑하는 법을 제대로 가르치지 않으면 오히려 다른 사람에게 상처만 준다는 것이다. 특히 몰입 훈련을 강조한다. 그래서 아이들은 매달 로마서 한 장을 영어로 암기하는 훈련을 한다. 초등학교 때부터 이 훈련을 시킨다.

집중하지 않으면 암기할 수 없다. 예를 들어 성경 한 장을 읽는 데 10분이 걸린다. 300번은 읽어야 외워지니까 총 3,000분, 약 50시간을 투자해야 외워진다. 성경 한 장을 암기하기 위해 매일 2시간씩 투자해야 한다. 그러나 몰입 교육을 받은 아이들은 하루에 한 시간씩 일주일 만에 다 외운다. 이러한 집중력은 자기주도학습으로 이어진다.

아이들은 SOT와 알파와 오메가(Alpha & Omega)를 사용하여 자기주도학습법을 훈련한다. 강의식으로 듣기만 하는 교육이 아니라 혼자 스스로 씨름하는 훈련을 하는 것이다.

또한 집중력 훈련을 위해 매일 아침 6시에 기상해서 무조건 한 시간씩 걷게 한다. 동이 트지 않아 아직 별이 남아 있는 상태에서 걷다 보면 앞서가는 아이들이 아예 보이지 않는다. 눈이 오나 비가 오나 아이들은 걸으며 맑은 공기로 심신을 단련한다. 초등학교 1~2학년밖에 안 되는 아이들도 예외가 아니다. 이렇게 매일 한 시간 걷고, 한 시간 새벽기도 하고, 성경을 암송한다. 이러한 훈련을 받은 아이들의 영과 육이 강해지지 않을 수 없다. 홍 교장 선생님은 이 교육을 12년째 지속하고 있다.

폴앤다니엘학교는 시골학교인데도 미국 명문대에 여러 명을 보냈다는 것이 화제가 되기도 했다. 2009년, 두 학생은 2천만 원에 육박하는

4년 장학금까지 받고 미국 일리노이주 휘튼대학교와 오하이오주 웨슬리안대학교에 각각 입학했다. 이러한 사실이 언론에 오르내리다 보니 비법을 묻는 사람이 많아졌다. 그 비법은 한 마디로 기독교 교육이다. 홍 교장 선생님은 어느 언론과의 인터뷰에서 이렇게 말했다.

"국내외적으로 황금만능주의와 극도의 개인주의, 쾌락주의 등 오염된 가치관들이 판치고 있습니다. 이처럼 혼탁한 교육환경에서는 신선한 샘물과 같은 기독 교육시스템이 교육을 살리는 대안입니다."

7년이 7일 같아요
• • •

이러한 열매의 이면에는 훌륭한 선생님들이 있다. 폴앤다니엘학교의 선생님들은 직업적 교사라기보다 신앙공동체의 일원에 가깝다. 저마다 소명의식이 투철하고 헌신된 분들이다. 선생님들의 목표는 아이들을 모두 좋은 대학에 보내는 것이 아니다. 어느 대학을 가든, 또 대학을 가든 안 가든 순수한 신앙을 간직하고 자라나는 것에 우선순위를 둔다.

폴앤다니엘의 학생들은 다양하다. 부모가 없이 자란 아이들도 있고, 마음의 상처가 깊은 아이들도 있다. 이 아이들에게는 선생님이 부모다. 부모가 있어도 생업으로 바쁘다 보니 늘 빈 마음으로 있는 아이들도 있다. 그러나 이런 아이들이 폴앤다니엘에 오면 건강하게 자란다. 창의력도 집중력도 소통능력도 부진했던 아이들이 완전히 다른 사람으로 변화하여 반짝반짝 빛을 발한다.

기독교 대안학교의 입학전형은 다양하다. 몇몇 학교는 처음부터 실력이 우수한 아이들을 뽑는다. 성적과는 관계없이 신앙적 소양을 보고 뽑는 곳도 있다. 아니면 두 가지를 함께 요구하는 곳도 있다. 그러나 결과적으로는 양극으로 갈 수밖에 없는 것이 현실이다. 폴앤다니엘학교는 실력이 있든 없든 주님을 위해 살겠다고 하면 실력이 뒤져도, 또 수업료를 낼 형편이 안돼도 입학할 수 있다.

실제로 폴앤다니엘학교의 학생 3분의 1이 학비를 제대로 못 낸다. 완전 무료로 학교에 다니는 아이도 있다.

"우리 학교는 돈이 있어야 들어오는 학교도, 실력이 있어야 들어오는 학교가 아니라는 말이에요. 신앙으로 반듯하게 키우면, 아이들은 자기가 왜 살아가는지 깨닫고, 스스로 정리가 되기 때문에 자연스레 공부를 시작해요."

이처럼 폴앤다니엘학교 선생님들은 예수님의 마음으로 아이들을 가르친다.

폴앤다니엘학교는 지난 6년간 졸업생을 배출했다. 모두가 신앙적으로도 반듯하게 서 있다. 폴앤다니엘이 살아야 한국 교회가 산다는 자부심이 대단하다. 폴앤다니엘학교 아이들은 '와서 보라!'가 아니라 '가서 보여주마!'를 실천하고 있다. 내 아이를 기독교 대안학교에 보낼까 말까 고민하는 부모들, 기독교 대안학교를 할까 말까 하는 교회들을 직접 찾아가 자신들이 배운 것들을 보여주고 간증도 한다. 긴 설명보다 직접 아이들을 보는 것이 얼마나 설득력이 있겠는가?

아예 버스를 대절해서 아이들이 해당 교회에 가서 저녁 예배를 드린 적도 있다. 아이들이 찬양하는 모습, 간증하는 모습들을 보고 놀라는 사람이 많다. 기독교 대안학교를 세우는 데 도움을 줄 수 있다면 앞으로도 얼마든지 아이들이 가서 보여줄 것이다.

미국에서 공부하다가 폴앤다니엘학교에 눌러앉게 된 선생님이 있다. 한국에 들어와 잠시 쉬려던 차에 동생의 소개로 교장 선생님을 알게 되었다. 그래서 1년 계약으로 아이들을 가르치게 되었다. 처음 아이들을 대했을 때 적지 않은 충격을 받았다고 했다. 선생님은 중학교 때부터 미국에서 공부했기 때문에 한국의 교육상황을 잘 몰라 그럴 수도 있겠다고 생각했다. 그리고 아이들 대다수가 자아정체성에 있어서 대혼란을 겪고 있다는 것을 감지했다. 그리고 아이들과 1년을 함께 지내면서 아이들이 변화하는 모습을 보게 되었다.

다시 원래의 자리로 돌아가려 하는데 아이들이 발목을 잡았다.

"선생님 가지 마세요!"

차마 아이들을 떨쳐내지 못하고 "안 갈게." 하다 보니 어느새 3년이 지났다. 그 사이 선생님은 자신의 소명이 무엇인지 발견했다. 그리고 왜 하나님이 미국에서 공부하게 하셨는지, 아이들에게 가르치고 있는 프로그램을 앞서 배우게 했는지 곰곰이 생각했다. 그리고 교장 선생님, 교감 선생님과 깊은 대화를 나누었다. 그 결과 대학교 졸업 후 의과 대학원을 가려던 원래의 계획을 포기하고 신학 공부를 하기에 이르렀다. 지금도 온라인으로 계속 신학 공부를 하고 있다.

"아이들과 함께한다는 것이 정말 귀한 사역이지만 정말 힘든 사역이기도 합니다."

선생님의 고백이다.

아이들 중에는 우리 힘으로는 도저히 안 될 것 같은 아이가 있다. 과연 가능할까 생각했던 아이들이 바뀌는 것을 보면서 이것이야말로 기적이구나 생각했다. 아이들 하나하나가 기적이었고, 하나님이 살아 계신다는 증거였다.

그리고 아이들만 변화하고 성장하는 것이 아니라 아이들을 통해 선생님들도 성장하게 했다. 같은 커리큘럼 속에서 배우고 있지만, 아이들 하나하나의 색깔이 다 달랐다. 신앙적인 면에서, 현실적인 생활면에서, 실력면에서 다 달랐다. 교장 선생님의 표현대로 마치 오선지 위에 그려진 음표처럼 높낮이가 다양했다.

그래서 선생님들은 금식도 하고, 기도도 하고, 예배도 드리고, 각

"기독교 대안학교는 이 시대에 반드시 해야 하는 사명입니다."

가정도 참여하면서 학교와 가정과 교회가 함께 협력하여 아이들을 키우기 시작했다. 그 결과 가정이 회복되고, 선생님들과 아이가 회복되었다.

"정말 7년이 7일 같았습니다."

비전

• • •

"30개 학교를 세우는 것, 그것이 제 꿈입니다. 기독교 대안학교는 해도 그만, 안 해도 그만이 아닙니다. 이 시대에 있어 반드시 해야만 하는 일입니다. 선택사항이 아니에요."

홍영수 교장 선생님은 말한다. 그래서 기독교 대안학교 설립과 운영을 재정적으로 돕고 있다. 기독교 대안학교끼리는 서로 도와야 한다는 것이 홍 교장 선생님의 원칙이다. 그 이유를 다음과 같이 말한다.

미국의 초·중·고 학생이 6천만 명, 한국은 600만 정도다. 미국의 학생 수가 한국의 10배 정도가 된다. 그리고 그 가운데 1천만 명이 기독교 학교에 다닌다. 한국에서 기독교 학교에 다니는 학생 수는 그리 많지 않다. 한국에서도 최소한 100만 명은 기독교 학교에 다녀야 하지 않는가?

"한국에 있는 교회 수가 약 6만 개, 한 교회가 10명씩을 담당하면 되지 않겠어요?"

아이들에게 기독교 교육을 하는 것을 정부가 금하는 것에 대해 홍 교장 선생님은 항의한다. 헌법에도 위배된다는 것이다. 이 문제로 인해 법정 공방까지 갔다. 그러나 기독교 학교를 세우고 아이들을 살리겠다는 주장을 절대 포기하지 않는다. 또 법적 제재도 두려워하지 않는다.

폴앤다니엘학교 아이들은 글쓰기에 있어서 뛰어난 기량을 발휘한다. 웬만한 전국 글짓기에서 상을 휩쓸다시피 한다. 아이들이 쓴 글을 보면 눈물이 절로 난다고 말한다. 글짓기를 지도하신 선생님의 말처럼 한국 교회가 너무 빠르게 무너지고 있다고 말했다. 그러다 보니 다음세대가 세속의 물결에 빠르게 휩쓸리고 있다. 어찌나 그 속도가 빠른지 미처 손을 쓸 틈이 없을 정도다.
"제가 대학교에 다닐 때는 학생 선교, 제자 훈련이 굉장히 강력하게 일어났습니다. 그때만 해도 제자 훈련, 말씀 훈련, 이런 것들이 대학생들에게 먹혔어요. 그러나 지금은 전혀 먹히지 않아요."
그래서 다음세대를 일으키고, 제자를 일으키고, 건강한 교회를 일으키기 위해서는 연령대를 낮추어야 한다. 어릴 때부터 말씀으로 양육하고 제자 훈련을 해야 한다. 그리고 아이들이 세상에 휩싸이지 않고 말씀 가운데 자라날 수 있도록 신앙공동체가 울타리를 쳐주어야 한다. 학교라는 환경에서 말씀을 먹일 수 있으므로 기독교 대안교육은 절대적이다.

아이들이 말씀을 먹으며 자라고, 변화하는 모습을 보면서 폴앤다니엘학교 선생님들은 감격한다.
"아이들은 어른들보다 훨씬 빨리 변화해요. 선생님이 아무리 혼내고 가끔 등을 한 대씩 쳐도 그것이 사랑의 표현이라는 것을 알아요."

이러한 아이들을 보는 선생님들은 학교를 절대 떠날 수 없다. 하나님이 말씀을 통해 아이들을 만지시는 것이 보이기 때문이다.

■ 아침저녁 출퇴근 시간만 해도 차로 두 시간이다. 게다가 오후 9시, 10시를 넘어 퇴근하는 일이 다반사다. 그러다 보니 학교는 직장이 아니라 가정처럼 되어 간다. 물론 그 과정에서 각 사람의 연약함이 표출된다. 그러나 그 가운데 진정한 사랑을 배우고 실천한다. 아이들을 포기할 수 없다는 공통분모가 있기 때문이다.

그러나 이렇듯 확고한 신념과 비전이 절로 생긴 것은 아니다. 사이사이 신념을 흔들고, 비전을 의심하게 하는 일들이 생기곤 했다. 한 예로, 언젠가 어느 유명 목사님과 대화하는 중에 학교를 관두라는 조언을 들었다. 아마 그 목사님은 교장 선생님이 학교를 하느라 고생을 많이 한다는 말을 전해 들은 모양이다. 그리고 목사는 목회해야 한다고 설득했다.

"교육은 교육하는 사람들에게 맡기시고 저랑 협동목회합시다."

그러나 아무리 생각해보아도 하나님의 부르심은 목회가 아니라 다음세대의 교육에 있었다고 생각했다. 게다가 목사님에게는 두 아들이 있는데 이름이 폴(38세)과 다니엘(32세)이다. 둘 다 미국에서 태어나 살고 있다. 아내로서는 자녀가 있는 미국에서 살고 싶은 것이 당연하다. 게다가 학교를 운영한다는 것이 하루하루가 너무 힘들 때가 많았다. 학교가 잘된다는 보장도 없었다. 홍 교장 선생님은 아내에게 이렇게 말했다.

"여보, 지금은 힘들지만 학교가 잘되면 주님도 기뻐하시겠지만, 하다가 안 되더라도 내가 충성했다는 것으로 주님이 기뻐하실 거야. 그러니 우리는 미국에 가면 안 돼. 식당 하나를 차려도 3년은 견뎌봐야지, 손님이 없다고 문을 닫을 수는 없잖아. 우리 그냥 여기서 견디는 거야."

그런데 어느새 11년이라는 세월이 흘렀고, 폴앤다니엘학교도 자리를 잡고 좋은 소문을 내고 있다. 교장 선생님은 그동안 아내가 고생을 많이 했다면서 이렇게 말했다.

"10년 지나니까 지금은 아내가 밥도 해주고 빨래도 해주고 그래요."

폴앤다니엘학교를 방문하여 많은 대화를 나누면서 CTS기독교TV의 존재 이유와 가치를 다시 한번 확인했다. 갈수록 기독교 대안학교를 해보겠다는 사람들이 늘어나는 것을 보면서 CTS기독교TV 네트워크가 도울 수 있는 일들이 더욱더 명확해졌다. 비전은 있지만, 그 방법을 몰라 여전히 헤매고 고민하는 사람들에게 안내자 역할을 하는 것이다. 또 다음세대들의 목소리를 전할 수 있는 장을 제공하는 것이다.

더군다나 30개의 기독교 대안학교를 세우는 것이 비전이라는 말을 들었을 때, 다음세대를 향한 마음이 더욱더 뜨거워짐을 느꼈다. 다음세대가 없는 한국 교회, 다음세대가 없는 대한민국은 존재할 수 없기 때문이다.

"아버지, 이 땅에 5,000개 대안학교가 설립되게 해주소서!"
"폴앤다니엘학교와 더불어 이 일들을 이룰 수 있게 하여 주옵소서!"

"CTS기독교TV도 함께하게 하여 주옵소서. 예수님 이름 받들어 감사하며 기도드립니다."

기도를 마치고 나서는 우리 팀의 발길에 다시금 힘이 실렸다.

❖ **개요**
- 설립연도: 2010년
- 인가 여부: 비인가
- 주소: 충청북도 옥천군 군북면 환산로 411 (옥천캠퍼스, 2016년 이전)
    (충남 아산시에 신캠퍼스 예정)
- 운영 형태: 초·중·고등학교 전체 학생 수 60여 명
    (설립자·이사장·교장 홍영수 목사)
- 기숙 여부: 전학년 기숙

❖ **교육목표**

하나님을 경외하고, 성경 말씀을 배우고 말씀을 따라 살아가며, 인격과 지식을 함께 갖춘 그리스도의 제자를 키운다.

❖ **교육과정 및 특별 프로그램**
- SOT, 알파와 오메가, Ignatio 교재 사용
- 학습능력에 따른 자기주도적 학습, 관계 중심적 교육
- 정기적으로 지역봉사 참여

❖ **기타**

신앙적 비전을 품고, 성경 중심적 사고를 배양하며, 그리스도의 형상을 닮은 인격을 키우는 공동체다.

카라크리스천스쿨

"카라크리스천스쿨은 교회가 세운 모범적 학교입니다."

　카라크리스천스쿨은 성경을 기반으로 하여 전인격적 교육을 실행하는 교육공동체다. 2009년 기독교 대안교육의 필요성을 절감하고 이를 위해 중보기도와 학부모 교육을 시작했다. 2011년 3월 기쁨의교회 드림센터에 '카라홈스쿨'이 문을 열었다. 이 당시 학생 수는 14명이었다. 2012년 3월 정식으로 카라크리스천스쿨이 설립되고 첫 입학식을 열었다(비인가 대안학교).·뒤이어 2013년에는 유치원, 2015년에는 고등학교가 문을 열었다.

유치원과 초등학교, 중학교는 용인에 있고, 고등학교는 경기도 광주시에 있다. 고등학교는 전원이 기숙생활을 하고 있다. 우리 팀이 방문할 무렵에는 코로나19로 인해 기숙사에는 학생들이 없었다.

교회마다 차이는 있겠으나 주일학교와 같은 교회를 통한 신앙교육은 많아봤자 일주일에 한두 번 밖에 할 수 없다. 그러나 기독교 대안학교는 매일의 교육을 통해 지식뿐 아니라 생활과 영성까지 돌볼 수 있다. 특히 기숙사 생활을 하는 고등학교의 경우 거의 하루 24시간 내내 교사와 학생이 함께하기 때문에 생활과 영성까지 볼돌 수 있다고 말한다. 그래서 진정한 기독교 교육을 하려면 교회가 대안학교를 설립해야 한다고 강조하는 선생님들의 말을 들었다. 아울러 학교와 교회와 가정의 삼중 사역을 강조했다. 이 세 주체가 같이 가지 않으면 한쪽에서 아무리 열심히 한다 해도 쉽게 무너질 수 있다는 것이다.

예수님의 제자를 길러내는 학교

● ● ●

카라크리스천스쿨의 교육목적은 한 마디로 예수님의 제자를 양성하는 것이다. 이 점을 분명히 하기 위해 설립 초기부터 외부 학생은 받지 않았고, 같은 영성을 지닌 성도들의 자녀를 우선으로 가르치기 시작했다. 왜냐하면, 교육이라는 것이 공부만 죽어라 시켜 좋은 대학을 보내는 것만이 아니라고 보기 때문이다. 따라서 교육이 중요한 주체인 학부모들의 신앙관과 교육관은 매우 중요하다.

그러나 시간이 지나다 보면 설립 초기의 정신이 점차 변질되는 경우가 종종 있다. 그 주된 요인은 교사나 학생이 아니라 학부모인 경우가 적지 않다. 대한민국의 대다수 부모처럼 결국은 좋은 대학에 들어가서 좋은 직장을 갖는 것을 우선으로 여기기 때문이다. 물론 이러한 바람은 자연스러운 것이다. 그러나 세속주의 가치관과 순수한 기독교적 가치관은 함께 잘 가고 있는 듯 보여도 언젠가는 충돌하기 마련이다. 처음에는 같은 마음으로 출발했어도 어느 정도 시간이 지나면 숨겨진 욕심들이 서서히 표면화된다. 이것은 곧 타협으로 이어지고, 결국에는 갈등 관계로 이어지고, 대안학교 설립목적에 대한 회의를 느끼게 된다.

그러나 아이들이 하나님의 자녀로 자라는 것을 최우선으로 삼는 카라크리스천스쿨은 이러한 위험성을 미연에 방지하기 위해 학부모는 학부모 면접을 통해 부모들의 신앙과 교육에 관한 마인드를 충분히 검증한다. 그리고 학생들의 면접은 1박 2일, 2박 3일간의 캠프를 통해 매우 심층적으로 진행된다. 이런 방법으로 10여 년을 해오다 보니 학교 본연의 정신이 잘 유지되었고 제법 자리도 잡혔다. 그래서 점차 외부에도 오픈하기 시작했다. 앞으로 기독교 대안학교가 늘어나면 기독교 문화도 함께 확산할 것이고, 믿지 않는 부모들도 기독 교육에 대해 새로운 시각을 갖게 될 것이다. 실제로 아이들 때문에 교회에 등록하는 부모들이 나타나고 있다.

너, 하나님의 사람아

• • •

가장 이상적인 교육은 아이들이 하나님의 사람으로 세워질 뿐아니라 사회에 나가서도 빛과 소금의 역할을 감당할 수 있게 하는 것이다. 이 두 축의 균형을 잡기가 결코 쉽지 않다. 1900년대 초기에 선교사들이 세웠던 학교가 100년 이상을 지난 지금 어떠한가? 그러나 다른 기독교 대안학교와 긴밀한 협력관계를 유지하면서 서로 연합하면서 공동의 목표를 향해 나아간다면 쉽게 변질되지는 않을 것이다.

다음세대 회복을 위해서는 교회의 역량이 중요하다.

"20년차 교사인 저도 대안학교를 하면서. 우리나라는 교회 역량이 가장 중요하다고 생각해요. 우리나라에 교회가 학교를 설립, 운영할 수 있는 시스템이 잘 갖추어진다면 우리나라의 다음세대를 회복할 수 있겠다는 그런 마음이 있습니다."

카라크리스천스쿨은 기독교 대안학교에 그런 롤모델이 되고 싶다고 했다. 카라크리스천스쿨은 14명으로 시작하여 현재 250명 정도로 성장했다. 그래서 아무리 적은 숫자라도 학교를 시작할 수 있다는 것을 보여준다. 그리고 이제 시작하는 기독교 대안학교에 도움이 된다면 얼마든지 가서 도와줄 수 있다고 말한다. 다음세대를 위한 기독교 교육이 제대로 실행되려면 교회의 연합과 교회의 지원 그리고 기도가 필요하다. 이 부분에 있어서 CTS기독교TV는 앞으로도 대안학교 홍보를 지속할 것이고, 이를 위한 예산 확보를 위해 애쓸 것이다.

카라크리스천스쿨의 교육과정은 7차 교육과정을 기초로 하고 거기에 자체적으로 개발한 프로그램을 추가하여 운영되고 있다. 아이들은 일반학교 아이들과 달리 학원에 다니지 않기 때문에 상대적으로 개인 시간이 많다. 그래서 각종 동아리 활동을 통해 하나님이 각 사람에게 주신 은사들을 발견하고 발전시킨다. 그것들을 '카라 비전 페스티벌'을 통해 발표도 하고 유튜브 채널 "카라TV"에 동영상을 올리기도 한다.

　　카라크리스천스쿨의 자랑은 장동준 교감 선생님을 포함한 여러 선생님이다. 대안학교에 대한 소명의식이 투철하고 아이들을 가르치는 열정도 남다르다. 대다수의 대안학교가 그러하듯이 이곳 역시 선생님들의 급여는 그리 많지 않음에도 불구하고 아이들을 향한 헌신은 보는 이들에게서 감동을 불러일으킨다. (참고로 학교 재정은 교회와는 별도로 독립적으로 운영하고 있다.) 다만 학교로서 독립된 교사(校舍)가 없다는 것과 아이들이 뛰놀 수 있는 운동장이 없다는 것을 아쉬워했다.
　　고등학교만 별도의 건물이 있고, 초·중등학교는 교회 건물을 사용하고 있기에 아이들이 늘어나다 보니 교육관의 수도 늘어나게 되었다. 고등학교의 기숙시설은 최고 60명까지 수용 가능하며, 현재 32명 정도가 사용하고 있다. 통학도 가능하나 보다 집중적으로 교육과 진학 준비를 위해서는 합숙하는 것이 효과적이라고 말한다.

　　카라크리스천스쿨의 영어 교육의 목표는 원어민과 자유자재로 대화하는 것이다. 이를 위해 다양한 교수법을 연구하고 적용하고 있다. 현재는 유치원부터 초등학교 6학년까지 GrapeSEED라는 프로그램을 도입하여 체계적으로 영어 교육을 진행하고 있다.

　　카라크리스천스쿨을 설립한 기쁨의교회는 1996년에 설립되었다. 지역 통계에 의하면 성도의 평균연령이 30대 후반, 40대 초반이다. 성도 수가 500명 가운데 청년들이 90%를 차지했던 적도 있다. 청년뿐 아니라 주일학교 학생들도 많은 편이다. 한 예로 장동준 교감 선생님의 자녀가 넷이다. 학부모들 가운데도 자녀 넷을 모두 학교에 보내는 분이 몇 분 있다. 대안학교를 잘하고 있는 교회들의 공통점이 출산율이 높다는 이야기가 나왔다. 구체적인 통계를 내 볼 필요가 있다는 말에 모두 크게 웃었다.

교회에 다니는 아이들 수는 250명 정도인데 이 가운데 20% 정도만 교회가 만든 대안학교에 다닌다. 수용 인원이 정해지다 보니 입학하고 싶어도 선발 과정에서 떨어지는 아이들도 많다. 심지어 카라크리스천스쿨의 교사 자녀도 떨어진 경우가 있다고 한다.

목자의 심정으로 준비하다

• • •

카라크리스천스쿨은 청년 시절부터 교회에 다니다가 결혼해서, 자녀를 낳고, 본인은 교회 대안학교의 교사가 되고, 자녀는 학교에 다니는 경우가 많다.

"처음부터 기독 교사로 준비된 것은 아니었어요. 목사님께서 교사 세미나에서도 말씀하셨는데 처음부터 준비된 교사는 없다고 말씀하셨어요. 교사는 준비되는 것이죠. 저도 그렇게 준비됐어요."

아마도 준비란 하나님이 부어주시는 목자의 심정일 것이다. 그 마음으로 다음세대의 주역들을 가르치는 것이 곧 기독교 교육이다. 전문성의 경우, 어떤 분야에서든 3년만 열심히 투자하면 전문가가 될 수 있다. 그러나 다음세대를 향한 마음은 10년을 투자한다고 해도 하나님이 주시지 않으면 품을 수 없다.

기쁨의교회의 많은 청년이 청년 때부터 이 마음을 품게 되었고, 기독 교사로 준비되어 학교 교사가 되었다. 즉 예수님의 제자로서의 마인드를 품은 사람들이 많다 보니 준비된 교사가 많았다. 현재 전임 교사가 35명인데 모두 다 교회 성도다. 여기에는 교회의 분위기와 목회자의 비전이 큰 영향을 미쳤을 것이다. 담임목사님의 비전은 성도들을 예수님의 제자로 세우는 것이다.

"이렇게 준비된 분이 한 분만 있어도 학교를 시작할 수 있습니다."

아무리 건물이 그럴 듯해도 교사가 없으면 학교가 설 수 없다. 대안학교 설립에 있어서 핵심은 교사다. 교사에게는 학문적 실력뿐만 아니라 많은 준비가 필요하다. 따라서 어찌 보면 대안학교의 미래는 교사에게 달려 있지 않을까 생각한다. 교사에 의해서 학생들의 방향과 학교의 방향이 결정되기 때문이다.

기독교 정신으로 세워진 대학교에도 대안학교 관련 학과가 생겼으면 좋겠다. 대안학교가 중·고등학교 과정에서 그치는 것이 아니라 대학교까지 확장되어 대안학교 교사를 양성하는 것이 필요하다. 기독교 정신으로 세워진 대학교에 대안학교 교사를 양성하는 학과나 교원 양성 프로그램이 만들어지면 좋겠다. 물론 급여를 높이면 그야말로 스펙이 화려한 교사들을 외부에서 영입할 수 있을 것이다. 그러나 재정 면에서도 거의 불가능할뿐더러, 가능하다고 하더라도 신앙도 없고 영성도 없고 비전을 공유하지 않는 교사에게 아이들을 가르치게 할 수는 없지 않은가?

30~40명에 달하는 교사가 같은 교회에서 나오기란 흔치 않은 일이다. 카라크리스천스쿨은 매우 독특한 사례에 속한다. 아마도 대다수의 대안학교는 교사 수급 문제로 어려움을 겪고 있을 것이다. 따라서 이 문제는 CTS기독교TV는 물론 여러 기독교 대안학교에서 함께 고민하고 해결해나가야 할 것이다. 이 점에 있어서 네덜란드 기독교 학교 운동의 이념이나 발전과정을 벤치마킹할 필요가 있지 않을까 생각한다.

또 신학교나 교단 차원의 협력을 끌어내는 것도 필요하다. 물론 지금까지 다음세대를 섬기는 일에 많은 관심을 기울여왔다. 이를 위해 한 교회 한 학교 세우기 운동에 앞장서 왔다. 전국에 있는 각 학교를 방문하며 자료를 모으고 네트워크를 형성해 왔다. 기독교 대안학교를 하고자 하는 많은 교회가 쉽게 자료를 접하고 상담도 받을 수 있도록 구체적이고 실질적인 도움을 주기 위함이다.

큰 교회는 큰 교회대로 중소형 교회, 심지어 미자립 교회까지도 학교 설립의 꿈을 갖고 있다. CTS다음세대지원센터도 설립되어 여러 가지 구체적인 사역을 진행하고 있다. 각 교회가 일일이 정보를 구하고 사전 조사를 하려면 많은 시간과 인력이 필요하다. 그러나 CTS다음세대지원센터가 든든한 연결고리가 되어준다면 학교 설립은 물론 교과과정 및 교재, 교사 훈련에 대한 부담이 한결 줄어들 것이다.

한교총(한국교회총연합회)에도 도움을 구하지만, 특성상 단체장이 매년 바뀌기 때문에 승계가 잘 안 될 수 있다. 또한, 신학교의 경우는 기존 교수들의 동의를 끌어내기가 쉽지 않다. 그러나 시간이 걸리더라도 포기하지 않고 계속 도전해야 할 것이다. 대안학교 졸업생을 교육 관련 학과로 진학시켜 교사로 양성한 뒤, 모교로 복귀하는 방법도 있다. 그러나 이 아이들이 입학할 만한 과가 만들어지는 것이 급선무일 것이다.

실제로 카라크리스천스쿨에서는 졸업생들을 최대한 활용할 생각을 하고 있다. 이들이 기독교 대안학교의 교사가 된다는 것은 단순히 취업하는 것 이상의 의미를 지닌다. 기독교 대안학교 교사라는 것은 급여나 명성보다 다음세대를 통해 하나님 나라를 이루어 간다는 소명감이 우선이기 때문이다. 여하튼 그 어느 길도 쉽지 않다. 기득권을 내려놓으려는 사람은 극히 드물어서 넘어야 할 벽이 한둘이 아니다.

그러나 대안학교가 한국 교회 다음세대를 살릴 수 있는 희망이라는 사실을 학교를 방문할 때마다 늘 확인한다. 우리 모두가 간절한 마음으로 기도를 드린 후 다음 행보를 이어갔다.

"만왕의 왕 되신 여호와 하나님을 찬양합니다. 아버지 하나님, 저희에게 이런 사역을 맡겨주시고, 분야별로 때로는 여리고성이 무너질 때, 그 성을 쌓기 위해서, 또 때로는 우리가 아주 어려운 일을 당할 때 불병거와 불말들을 보내 달라고 하소연하며 기도했던 것을 아십니다. 아버지 하나님, 많은 한국 교회가 코로나19로 인해 무너지고 있습니다. 또 주일학교가 사라지고 있습니다. 더욱더 안타까운 것은 청년들이 교회를 떠나고 있다는 것입니다. 우리 교회의 모든 교회 지도자들과 한국 교회가 다음세대를 섬기게 하여 주시고, 또한 특별히 청년들을 섬겨 저희가 결혼하고 출산할 수 있는 모든 여건을 한국 교회가 섬길 수 있도록 도와주소서!

또한 예산 문제로 어려움을 겪고 있는 한국 교회와 대안학교들도 많습니다. 이 어려움도 정부 예산을 통해서든 아니면 우리 모든 기업인과 우리 국민을 통해서라도 채워주시옵소서! 한국 교회에 이 어려운 과정들을 이겨나갈 수 있도록 함께하여 주시기를 간절히 소망합니다.

아버지. 커리큘럼 운영이나 교사와 관련한 어려운 점도 많습니다. 이 모든 문제를 저희가 서로 협의하고 협력하여 선을 이루게 하옵소서!

오늘도 카라크리스천스쿨을 방문하여 대화를 나누었습니다. 이 모든 일이 한 알의 밀알이 되게 하옵소서! 한국 교회가 다시 한번 부흥하고 숲을 이룰 수 있는 밑거름이 되게 하옵소서! 모든 동역자가 함께하게 하여 주시옵소서! 성령님의 기름 부음을 간구하며 존귀하신 예수님 이름 받들어 기도드립니다. 아멘!"

성경암송대회를 참가한 카라크리스천스쿨 학생들

❖ **개요**
- 설립연도: 2011년 3월 카라홈스쿨 개교, 2012년 3월 정식 카라크리스천스쿨 입학식 및 개교, 2013년 유치원, 2015년 고등학교 개교
- 인가 여부: 비인가
- 주소: 중등(용인) / 고등(경기도 광주)
- 운영 형태: 유치원, 초·중·고
  이사장 정의호 목사, 교장 김인숙, 교감 장동준
  교사 35명, 학생 250여 명
- 기숙 여부: 통학

❖ **교육목표**
자기 시대에 하나님의 창조질서를 회복하는 하나님 나라에 선교적인 일꾼들로 세우고, 하나님 앞에 구별된 사람으로 교육한다.

❖ **교육과정 및 특별 프로그램**
- 영적 영역(영성): 매일 QT, 찬양 기도회, 성경 읽기, 암송, 예배와 성경공부
- 사회적 영역(인성): 12가지 성품(경청, 순종, 기쁨, 감사, 정직, 배려, 절제, 긍정적인 태도, 인내, 책임감, 지혜, 창의성)
- 지적 영역(지성): 독서, 언어 활동, 외국어(영어), 수와 공간, 자연현상, 역사와 문화
- 정서적 영역(감성): 동아리 활동(요리, 뮤지컬, 밴드, 로봇, 바둑 등) 일일 현

장(박물관 등), 계절 현장 학습 등 시행
- 신체적 영역(체성): 매주 스포츠데이 운영, 1인 1운동 배움
- 예술적 영역(심미성): 음악수업, 1인 1악기/ 미술수업
- 관계적 영역(관계성): 봉사활동, 학급자치회나 MT 등 공동체 활동

❖ 기타
- 2009년 용인 기쁨의교회 정의호 목사를 중심으로 기독교 대안교육의 필요성에 공감하고 기도로 준비하고, 부모 교육, 중보기도 모임, 학부모 OT, 설문 조사 등을 거쳐 2011년에 교회 내 카라홈스쿨을 개교했다.
- 유·초·중등은 상가건물을 임대하여 사용하고, 고등과정은 별도로 단독 건물을 사용하고 있다.

엘비오티(LboT) 기독혁신학교
연구 중심의 학교

"성경으로 돌아가는 생명 교육에 중점을 두고 있습니다."

엘비오티(LboT)의 모태, "백 권(100권) 캠프"

• • •

LboT(Life based on the Truth)는 "진리 위에 세운 삶"이라는 이름의 기독혁신학교다. 진리와 삶이 만날 때 어떠한 변화가 일어나는지 보여주는 학교다. 진리와 삶이 만나는 곳에 공통분모가 형성되고 그것은 곧 예수님을 닮은 사람이 되어가는 과정을 의미한다. LboT의 모든 교육과정은 곧 앞으로 살아갈 날들의 준비 과정이다. 살아갈 날들을 준비한다는 표현 자체가 혁신적이다. 그야말로 현실에 뿌리내린 영성을 키우는 학교다.

기독교 대안학교지만 기독 신앙을 입학 조건으로 내세우지 않는다. 다만 학교에서 진행되는 예배 및 기타 신앙 활동에 동의해야 한다. LboT의 모든 교육과정은 백 권 캠프에서 시작된다고 할 수 있다. 세상에서 말하는 텍스트의 기원과 의미와는 달리 LboT는 모든 텍스트의 시작과 끝을 하나님의 말씀으로 믿고 있다. "성경으로 돌아가는 생명 교육, 세상에 기여할 수 있는 실력 갖추기"가 모토이다.

모든 교육의 시작은 듣고 말하고 읽고 쓰기에서 시작된다. LboT는 특히 읽고 쓰기에 방점을 두고 있다. 기독교 신앙을 표방한 학교이니만큼 "우리를 살리는 텍스트를 찾고, 어떤 텍스트이든 성경적 관점으로 풀어내며 읽고, 소화하고, 또 다양하게 표현하는 곳"이라고 소개하고 있다. LboT의 교육은 "백 권 캠프(백 권 아카데미), 인문예답(하브루타), HnF(건강과 음식), Life(실림) 인간관계"라는 범주에서 진행된다.

LboT는 아이들이 상급학교 진학을 위해 입학시험을 치르는 것을 중요하게 생각한다. 사회에 기여하는 존재가 되기 위해서는 그에 해당하는 일정 수준을 갖추어야 하기 때문이다. 이 점에 있어서 비인가 대안학교는 별도로 거쳐야 할 과정이 있다. 이것을 학교 나름의 원칙과 방법을 통해 아이들을 돕고 있다.

원래 하태규 이사장은 대학 교목으로 사역했고, 정예주 교장 선생님은 건강음식연구소 소장으로 지난 25년간 먹거리 연구에 종사했다. 특히 살리는 먹거리, 환자식을 연구했는데, 친정어머니가 그 유명한 요리 연구가이시다 보니 어머니한테서 많은 것을 배웠다.

LboT 학교 설립을 하게 된 동기는 자녀 양육을 어떻게 할 것인가에서 출발했다. 정 교장 선생님과 남편 하태규 목사님(이사장) 사이에는 두 아들이 있었다. 이 아이들을 하나님 말씀을 토대로 양육해야 한다는 것은 알고 있었지만, 그 방법을 알 수 없었다.

그 당시만 해도 대안학교 초창기라서 정보를 구할 곳이 많지 않았다. 전국을 누비다시피 하면서 대안학교를 물색했다. 그러다가 큰아들이 중학교 입학을 하게 되었을 때, 멀리 있는 기독교 대안학교에 잠시 보냈다가 홈스쿨링을 하게 되었다.

마침 동남아 선교여행에서 선교사님의 기도제목을 알게 되었다. 선교사님은 두 아들을 한국에 보내 교육시키고 싶어했다. 이후 그 둘을 데려와 함께 생활하게 되었다. 또 중국 선교사님이 추천한 중국인 여자 아이까지 함께 품었다.

이 아이들이 한국 교육에 적응할 방법을 생각하다가 집에서 백 권 캠프를 시작하게 되었다. 마침 정 교장 선생님은 독서 지도자 과정을 마쳤다. 백 권 캠프란 한 달에 책 100권을 읽고, 100장의 글을 쓰는 것이다. 아이들은 하루 8시간 이상 책을 읽고, 서평을 써야 했다. 고된 일과이기 때문에 토요일만은 자유롭게 마음껏 놀 수 있도록 허락했다. 백 권 캠프를 시작하면서 다른 목회자의 자녀를 포함하여 모두 11명의 아이가 참여하게 되었다.

온 세상이 배움의 장이고, 온 세상이 텍스트라는 생각에 시작했다. 한 달에 100권의 책을 읽는다는 것, 그것을 글로 옮긴다는 것은 보통 일이 아니었다. 그러나 무사히 과정을 마쳤고 그 열매는 기대 이상이었다. 아이들의 신앙은 물론 인성과 인문학적 실력이 눈에 띄게 진보했다. 일회로 끝나기에는 아깝다는 생각에 일 년에 두세 번씩 계속 진행했다.

6번째 백 권 캠프를 마쳤을 때 한 학생이 찾아와 학교를 세워달라는 이야기를 했다. 사실 진즉부터 학교 설립을 마음에 품고 기도하고 있었다. 그런데 그 학생의 말을 통해 이 일이 하나님이 원하시는 일이라는 확신을 갖게 되었다. 일단 용인에 상가건물 한 층을 임대해서 매년 두세 번씩 백 권 캠프를 열었다. 이것이 오늘날 LboT의 모태가 되었다. 그리고 현재 백 권 캠프는 어느새 35차에 이르렀다.

백 권 캠프에서 아이들 스스로 읽을 책을 선택하게 한다. 무슨 책을 고르든 아이들 자유다. 아이들이 책 제목을 보고 선택하는 것부터 교육의 시작이기 때문이다. 그리고 어떤 책을 고르든지 궁극적으로 성경적 관점에서 풀어내는 훈련을 시킨다.

백 권 캠프와 더불어 LboT의 자랑거리는 HnF(h&f), 즉 건강과 음식 (HEALTH & FOOD)이다. 남녀구분 없이 이수해야만 졸업할 수 있다. 아

LboT에서는 100권의 책을 읽는 백 권 캠프를 하고 있다.

이들은 이 과정을 통해 40가지의 음식 만들기를 배운다. 먹을 것을 직접 만든다는 것은 아이들이 살아갈 날을 준비하는 과정이기 때문이다.

"들순"과 "순들"

무엇을 먹고 자라냐에 따라 그 사람의 체질이나 기타 특성이 빚어진다. 하나님의 말씀을 먹고 자란 아이들은 어떻게 빚어질까?

LboT 아이들은 매일 아침 "들순"(들음과 순종)으로 하루를 연다. 하나님의 말씀을 읽고, 그것을 하루 생활 속에서 어떻게 적용할지 기록한다. 일종의 QT다. 그리고 매일 정오마다 10분씩 기도한다. 일과의 영적 중간점검의 일종이다. 기도를 통해 자신의 마음이 어디를 향하고 있는지 점검하고, 어디에 마음을 쏟을지 결정한다. 일과를 마칠 때면 "순들"(순종과 들음)의 시간을 갖는다. 영적 피드백의 시간이다. 그리고 주일

저녁에 모여 예배를 드린다. LboT의 영성훈련은 대략 이렇게 진행된다. "책 읽고 글 쓰는 목사", "다음세대를 위한 교육 선교사"라고 자신을 소개하는 LboT의 교목이며 이사장인 하태규 목사님이 아이들과 함께하면서 영성 교육을 진행한다.

하브루타 교육 툴(tool)을 사용한다. 아이들이 말씀을 중심으로 사고하는 능력을 키우는 데 효율적이기 때문이다. 즉 하브루타 교육은 현상에 관해서만 이야기하지 않고 본질에 대해 고민하게 만든다. 10대 때부터 본질에 대해 생각하는 능력을 키우는 것이다. 처음에는 생소하겠지만 익숙해질 때까지 꾸준히 훈련하고 있다. 함께 진행하는 '인문예답', 즉 "인생이 묻고 예수가 답하다"도 같은 맥락이다.

LboT에는 전반적으로 교과서가 따로 없다. 물론 특정 과목에 한해서는 교과서가 필요하다. 이것은 아이들의 책 읽기에서도 적용되는 원칙으로서 텍스트를 강요하거나 제한하지 않는다는 것이다. 정해진 텍스트를 반복 학습하여 실수를 최소화하는 것, 성취도를 숫자로 표시하는 기존 교육과의 차별화를 위한 것이다. 선택의 자유로움 속에서 아이들 고유의 사고가 표출되고, 스스로 연구하며 방향을 찾아가게 하는 것이다.

진새골 공동체
・・・

대안교육은 대안사회를 꿈꾼다. 더 나아가 기독교 대안학교는 하나님 나라를 꿈꾼다. 일반교육에서 인성과 지성의 조화를 추구한다면 기독교 대안학교에서는 여기에 영성을 더한다. 영성은 창조주 하나님, 구원자 하나님의 영이 함께하는 사람이고, 이것이야말로 가장 큰 축복이다. 또 하나님의 권세를 위임받아 이 땅을 새롭게 하는 사람이기도 하다. 이 땅에서의 좋은 교육은 인성과 지성의 조화라는 교육을 뜻한다.

이를 위해 LboT는 진리의 인성과 지성의 조화를 이루어 가도록 아이들을 가르친다. 또 "공부해서 남(에게) 주는" 나눔의 공동체 교육을 한다. 진새골은 이렇듯 소중한 교육의 보금자리다. 하 목사님은 '진새골'을 "진리로 새롭게 하는 골짜기"라고 해석했다. 그리고 신앙공동체를 만들어가고 하나님 나라를 위해서는 목사, 교사, 학부모, 아이들 모두가 욕심을 내려놓아야 한다고 강조한다.

"우리나라의 많은 부모님이 아니 모든 부모님이 자녀를 사랑하지만 마치 몰렉에게 제사를 지내는 것처럼 자기 자녀를 통해서 욕심을 실현하고 싶은 그런 마음이 있지 않을까 하는 고민을 좀 해보고요. 또 우리 사회가 가지고 있는 일에 정말 생명 있는 이 교육이 어떻게 작용해야 하는지를 관성의 법칙이 아니라 진리의 법칙을 따라서 생각할 시대가 되었다고 봅니다. 우리에게 주어진 수많은 어떤 교육적 환경이 있지만, 공교육이든 사교육이든 저희는 이런 질문을 하게 돼요. 죽음으로 몰고 가는 교육 혹은 망치는 교육이 아니고 사람에 대해서 기회를 주고 또 생명을 불어넣는 어떤 교육이 필요한데 저희는 그런 길을 가려고 길을 나섰다는 생각을 하고 있습니다."

현재 졸업생은 약 30명 정도다. 졸업과 함께 LboT 둥지를 떠난 아이들이 다시 둥지를 찾아와 후배들을 돕는다. 전 세계에 흩어져 있어도 방학이면 찾아와 캠프에서 스텝으로 섬기기도 한다. 전역한 지 얼마 안 되는 교장 선생님의 두 아들도 이들 가운데 포함된다. 모두 각자의 길이 있고, 각자 할 일이 있지만, 일주일에 한두 번이라도 후배들의 학습을 돕는다.

교장 선생님과 목사님은 졸업생들이 아직은 완성된 상태가 아니지만 계속 자기의 길을 찾아가고 일구어 가는 것을 볼 때 보람을 느끼고, LboT가 제대로 가고 있다는 확신을 하게 된다고 했다. 앞으로도 많은 졸업생이 LboT에 와서 함께 학교를 세워가면 좋겠다는 것이 LboT의 바람이다.

LboT 학교 전경

영성과 지성의 양 날개

• • •

'변화', '기독교 세계관', '논리적 사고', '융합', '창의문화예술', '소통', '공동체' 등 일곱 가지 핵심가치를 실현해 가고 있는 LboT의 교육과정은 1년 3학기제다. 파운데이션(Foundation), 프레임(Frame), 필라(Pillar) 단계로 나누어져 있다. 학년제로 구분하자면 초등 5~6, 중등, 고등과정이다. LboT는 마치 종합대학 안에 단과대학과 같은 구조다. 해당 분야 교수님들이 요일별로 와서 수업을 진행한다.

LIFE(생활학교)

WAVE(음악공연스쿨)

ADAM(미술창의스쿨)

HnF(건강요리스쿨)

ARTIENCE(미래과학인재스쿨)

분야별 교수진 또한 만만치 않다. 모두가 각 분야에서 내로라하는 분들이다. LboT가 연구 중심의 학교이다 보니, 명실공히 연구를 위한 공간과 설비가 우수하다.

LboT는 주일 뿐만 아니라 한 주 내내 그리스도인다운 삶을 살게 하겠다는 목표로 세워진 학교다. 그리고 이러한 신앙과 영성과 함께 배움이라는 날개를 달아 준다. 배움에 있어서의 혁신은 아이들 머릿속에 강제로 집어넣는 것이 아니다. 아이들 속에 있는 것을 끌어내고, 길어 올리는 것이다.

　이를 위해 선하고 훌륭한 스승이 필요하다. 우선 책이라는 스승이 필요하다. 그리고 각 전문분야의 스승도 필요하다. LboT의 선생님들에게는 두 가지 조건이 있다. 첫째는 LboT의 교육 방향에 모두 동의해야 하고, 둘째는 현재 전공 분야에서 활동하고 있어야 한다. 그 이유는 교실 안에서만의 교육이 아니라 현장을 누비며 현장을 꿰뚫고 있는 교육이 이루어져야 하기 때문이다. 그래야 아이들에게 균형 잡힌 교육을 할 수 있다. 대다수 선생님이 현직 교수다. 모두가 각 분야의 전문가로 최고의 역량과 자질을 자랑한다. 이분들의 가르침을 통해 건강과 음식이 만나고, 과학과 예술이 만난다.

　LboT는 학점제로 운영되기 때문에 일정 학점을 이수해야 진급과 졸업을 할 수 있다. 일 년 동안 어떤 과목을 이수할 것인지는 각자가 설계한다. HnF는 6학기가 필수이고 각자 시간표만 다를 뿐이다. 또한, 백 권 아카데미 역시 공통으로 적용된다.

　LboT는 연구 중심의 학교이기 때문에 모든 연령에 열려 있으므로 학생들의 나이는 10대, 30대, 40대로 다양하다. LboT가 주장하는 공부는 "하나님의 뜻을 아는 것이고, 나를 향한 하나님의 부르심을 찾아가는 것이다."

　"20~30대는 더 공부해야 하는 시기고, 40대는 다시 공부해야 할 시기며, 60~70대는 함께 공부해야 할 시기라고 생각합니다."

　LboT는 수시입학이 가능하고 별도의 입학설명회를 하지 않는다.

면담은 가정별로 이루어진다. LboT와 한 가정의 만남은 매우 중요하다. 이 만남을 통해 교제가 이루어지고, 기도하면서 입학 여부를 결정한다.

그리스도인은 아니지만, 아이가 앞으로 어떻게 살아갈 것인지, 무엇을 준비해야 하는지 등을 고민하다가 찾아오는 가정도 많다. 그리고 감사하게도 결국에는 아이들을 통해 온 가정이 복음화되기도 한다. 학교와 가정이 공동으로 아이들을 양육해야 하기 때문이다. LboT 학부모들은 모여 "공동 양육"을 위해 기도한다.

기독교 교육은 더 이상 선택의 영역이 아니다. 이 나라를 살리고, 한국 교회를 살리고, 다음세대를 살리기 위해 꼭 해야 할 일이다.

하태규 목사님, 정예주 교장 선생님과 함께

❖ 개요
- 설립연도: 2012년 3월
- 인가 여부: 비인가
- 주소: 경기도 광주시 초월읍 진새골길 171-7
- 운영 형태: 초·중·고
  설립자·이사장 하태규 목사, 교장 장혜주
- 기숙 여부: 통학형

❖ 교육목표
- 학생과 교사, 학부모가 함께 공동 양육, 공동 성장하는 공동체를 만든다.
- 기독 신앙에 기반해서, 어떤 텍스트이든 성경적 관점에서 풀어낸다.

❖ 교육과정 및 특별 프로그램
- 백 권 아카데미: 일 년에 백 가지 이상의 텍스트(책, 영상, 그림 등 다양한 종류의 텍스트)를 읽고, 각 텍스트에 대한 글을 쓴다.
- SDL(Self-Directed Learning; 자기주도연구)
- PBL(Project Based Learning; 팀 프로젝트)
- Quest(LboT 교과 수업)
- CLAN: 학생 스스로 운영하는 동아리 활동
- 인문학에 기반한 음악공연스쿨(실용음악학부, 클래식음악학부, 연극 뮤지컬학부), 건강요리스쿨, 미래과학인재스쿨, 미술창의스쿨을 운영하고

있다.
- 변화와 성장을 위한 다양한 학생 활동

❖ **기타**

2009년부터 시작된 백 권 캠프가 모체가 되어 학교로 발전했다.

알아보기

덴마크 자유교원대학(DFL)

자유교원대학은 덴마크의 자유학교 교사를 양성하기 위한 기관이다. 덴마크 자유교원대학(Den frie Lærerskole)은 1949년에 만들어졌다. 자유교원대학이 생긴 이유는 일반 교육대학에서 배우는 것보다, 과목을 가르치는 것보다 훨씬 많은 것을 필요로 하기 때문이다. 교육과정은 물론 교재와 교수법이 일반 교원 양성 대학과는 다른 점이 많다. 예를 들어 교수와 학생이 직접 협의하면서 해결책을 끌어내고 주요 안건을 결정한다.

덴마크의 자유교원대학은 5년제 대학으로 교사 양성 및 재교육, 학문 연구를 병행한다. 5년간의 대학교육과 세 번의 교육실습을 통해 자유학교의 교사를 양성한다. 주요과목은 17개 과목인데 일반적인 교수 기술뿐 아니라 심리학, 교육학 등에 대한 기초 지식을 얻을 수 있고 철학, 윤리, 언어, 스토리텔링, 민주주의, 시민권, 역사, 국가 및 문화적 정체성 등을 배울 수 있다.

입학시험이 없고 졸업시험도 없다. 개인의 자질과 경험을 토대로 한 주제 영역과 교육, 민주주의 활동, 커뮤니티 활동, 교육실습 등 네 가지 핵심 영역에서의 성과에 대해 종합적으로 평가한다.

■ 커리큘럼

공통과목과 전문 교과과목과 선택과목 그리고 학습과목 외 의무활동이 있다.

공통과목은 학생들의 전문적 정체성을 개발하고 협업 및 의사소통, 서사 및 교육학, 심리학 및 교육과정 등이다.

전문 교과과목은 덴마크어, 수학, 역사·사회학, 종교, 영어, 독일어, 물리·화학, 자연 및 과학 연구, 야외 생활, 드라마, 미디어, 음악, 체육, 미술 및 공예 및 수공예 등이다. 이 가운데 몇 또는 여러 개의 전문 교과과목을 이수해야 한다.

선택과목은 교과과정에 걸친 음악, 수영, 성교육, 활동적인 시민권, 철학적 방법, 기본 IT, 미술, 문법, 발표 및 야외 수업을 위한 교육학적 방법이다. 또한, 학생들은 특정 그룹을 대상으로 하는 네 가지 교육과정, 즉 어린이 교육, 청소년 교육, 성인 교육 및 특별한 도움이 필요한 학생 교육 가운데 최소한 한 가지를 선택해야 한다.

학습과목 외 의무활동은 다섯 가지로 다음과 같다.
– 민주주의 활동(Active democracy)
– 커뮤니티 활동(Community activities)
– 교습 실습(Teaching practice)
– 교습 수료(Teaching certificate)
– 커뮤니티 활동 2(Community activities)

■ 덴마크 자유교원대학(DFL) 탐사 보고자료 발췌

덴마크 자유교원대학(DFL)은 교사 양성을 위한 특수 기관이다. 교사 양성 과정에서부터 동료 교사가 될 친구들과 함께 다양한 축제 등 자유학기제 활동을 한다. 수업은 물론 이러한 활동에 80% 이상 참여해야 다음 학년으로 진급한다.

DFL의 학생들은 총 세 번의 교생실습을 한다. 1학년과 2학년 때에는 각각 3주씩, 3학년 때에는 1년 동안 교생실습을 진행한다. 1, 2학년은 2주 동안 실제 교사들과 함께 생활하며 교사의 일을 관찰하고 배운다. 그리고 마지막 일주일은 교사 없이 혼자 수업을 진행하고 학급을 이끄는 시간을 갖는다. 3학년 때 진행되는 1년간의 교생실습은 3주간의 실습과 질적으로 다르다. 교생실습을 위해 학교에 직접 연락하여 지원해야 한다. 지원서를 받은 학교에서는 면접 등을 통해 교생을 선발한다. 선발된 교생은 급여를 받으며 일을 하고 자격을 가진 교사들과 완전히 같은 역할을 한다. 실습 학교에서 자체적으로 멘토를 붙여주는 예도 있지만, 독립적인 한 명의 교사로 활동한다는 점은 변하지 않는다. 이 기간에는 DFL의 선생님이 실습 현장에 한 번 방문하여 이야기를 나누기도 한다. 1년간 실제 교사처럼 일해 보는 이 시기가 DFL 학생들에게 매우 중요한 시기다. 실습 과정을 통해 교사가 자신의 길인지 아닌지 결정한다.

매주 수요일은 학교 수업이 없다. 대신에 학교에서 그룹 활동 시간을 갖는다. 각자의 관심사에 맞는 그룹별로 각자의 방에서 각자의 주제에 맞는 활동을 진행한다. 다 함께 드라마, 영화를 보거나 투표한다. 특히 투표하기 전에는 작은 단위로 모여 투표 주제에 관해 대화한다. 이 대화를 통해 각자의 의견을 정리한 후에 투표를 진행한다. 모든 학생이 참여하는 활동이지만 출석 체크는 따로 하지 않는다. 그러나 졸업 논문에 그들이 학교의 민주주의에 어떻게 참여했는지 언급하게 되기 때문에 학교생활의 매우 큰 부분이다.

진로 상담교사를 위한 교육과정은 DFL에 없다. DFL의 모든 교육과정을 수료한 이후에 추가로 선택할 수 있고 이것을 수료하면 상담교사가 될 수 있다.

꿈의학교

이인희 교장 선생님, 조용목 교감 선생님과 함께

"하나님의 꿈"을 실천하는 교육 마당

• • •

"사랑으로 세계를 품어라(Embrace the world with His Love)!"
 꿈의학교의 교훈이다. 꿈의학교는 한마디로 "기도하는 학부모, 섬기는 직원, 헌신된 교사, 꿈꾸는 학생"이 어우러진 곳이다.

 2002년 "서산의 꿈", 꿈의학교가 설립되기 전부터 하나님의 꿈은 시작되었다. 교육 공동체인 꿈의학교의 설립목적은 하나님의 사람들을 양성하는 것이다. 꿈의학교의 궁극적인 목표는 나의 꿈이 아니라 하나님의 꿈을 성취하는 것이다. 또한, 나를 향한 하나님의 꿈을 찾고 발견하여 그 꿈을 향해 정진하는 것이다.

"집을 팔아서 보내도 아깝지 않은 학교, 꿈의학교에 보내는 것이야말로 자녀를 '크리스천 인재로 키울 수 있는 최상의 투자요 주님께 드리는 오병이어'이기 때문입니다. 꿈의학교는 하나님의 형상대로 지음 받은 아이들을 하나님의 디자인대로 키워보고 싶은 학교입니다."

(꿈의학교 설립자인 황성주 이사장)

여느 기독교 대안학교와 마찬가지로 꿈의학교도 하나님의 말씀으로 하루를 연다. 꿈의학교의 모토는 "세계는 나의 교실, 세계는 나의 일터"다.

많은 학교가 코로나19로 인해 상당기간 줌(Zoom)을 이용한 비대면 수업을 받아왔다. 초유의 일이기 때문에 가르치는 선생님이나 배우는 학생이나 한동안 우왕좌왕했다. 이미 제작된 동영상을 그냥 틀어주기도 하고, EBS를 이용하기도 했다. 반면, 꿈의학교의 경우는 코로나19 이전인 2017년부터 구글 크롬북을 모두에게 나누어 주어 학습 도구로 사용해왔기 때문에 전혀 낯설지 않다. 또한, 조용남 교감 선생님의 '친근한 미래교실'이라는 유튜브 개인 채널은 청소년 교육자 채널 부문에서 매우 높은 조회 수와 구독자 수를 기록하고 있다.

모든 아이에게 구글 계정을 부여하고 교내에 통합적으로 관리할 수 있는 시스템을 구축했기 때문이다. 따라서 코로나19 접촉자가 발생하더라도 큰 무리 없이 잘 운영할 수 있었다. 또한, 구글에 정식 교육기관으로 인정받는 에듀케이션(G Suite For Education)을 받아들여서 구글의 시스템을 전적으로 학생들이 활용하도록 했다. 이를테면 오피스 프로그램이라든지 협업이라든지 온라인으로 학생들과 함께할 수 있는 모든 것들을 구글의 시스템을 활용해 하고 있다.

아이들은 글로벌 차원의 문제들을 인식하고 그 해결 방법을 모색하는 기회를 갖는다. 이를테면 UN이 제시한 '지구가 풀어야 할 문제 17가지'를 가지고 아이들이 배우는 모든 지식을 활용해서 어떻게 풀 것인가를 공부한다. 이러한 사고의 확장은 다른 나라, 다른 지역의 문제가 우리나라와 우리 지역 그리고 나의 문제로 인식하는 참여의식을 배울 수 있다. 즉 영어니 융합 교육이니 미래 교육이니 하는 것을 보다 구체적이고 실질적으로 교육한다.

또 교육기관으로서는 드물게 구글에서 인증하는 구글 인증교육자(Google Certified Educator) 레벨 1, 2와 구글 공인 교육자(Google Certified Trainer)를 모두 소지하고 있다. 따라서 코로나19로 인해 온라인 수업을 진행해야 하는 전국의 교사와 학부모에게 도움을 주고 있다.

무엇보다 독특한 것은 학생들이 서로 가르친다는 것이다. 처음에는 학부모 전문가의 도움으로 코딩을 배웠었는데 지금은 교사가 아니라 아이들이 다른 아이들을 가르칠 정도도 높은 수준을 자랑하고 있다. 졸업생들 역시 학교 캠프를 통해 후배들을 돕고 있다.

꿈의학교에는 '조물락'이라는 이름의 아주 독특한 공간이 있다. 여기에는 아날로그 메이킹 코스와 디지털 메이킹 코스가 있다. 즉 아이들은 드릴, 망치, 줄 등의 온갖 도구를 사용하여 목공 작업을 한다. 커팅 작업 및 용접을 할 수 있는 도구들이 다 갖추어져 있다. 또 후자를 위해서는 컴퓨터 조립, 코딩, 로봇, 3D 프린팅들을 진행한다. 아이들은 '융합'을 이론이 아닌 현장에서 실천하고 있다. 그 결과 각 대학교에서 개최하는 적정 기술 아이디어 대회에 매년 출전하여 상을 받아왔다. 꿈나무 학교의 미래 교육은 매우 구체적이고 실제적이다.

그러나 이 모든 교육은 예술적 감성 위에서 제대로 발전할 수 있다. 그래서 꿈의학교에서는 하나님이 만드신 만물을 통해 아름다움의 본질을 체득한다. 드넓은 자연환경 속에서 바람을 느끼고, 돌멩이를 만지면서 하나님의 창조 메시지를 듣는다. 이것은 곧 생활 속에서 예술적 감성으로 이어지고 인성으로 이어진다.

꿈의학교의 모든 아이는 서로 경쟁자가 아니라 동역자다. 이러한 의식은 고3이 되었을 때 절정을 이룬다. 입시 경쟁사회에서는 찾아보기 힘든 모습이다. 그래서 꿈의학교에서 "고3"은 "꽃3"이라는 말까지 등장했다. 고3 때야말로 친구들이 동역자라는 것을 뼈저리게 느끼기 때문이다. 각자가 지닌 장점을 무기 삼아 다른 사람을 짓누르고 밟고 일어서는 경쟁사회와는 전혀 다르다. 우선 아이들은 자신의 장점, 달란트를 통해 하나님의 부르심을 찾는다. 그리고 내게는 없는 것들을 다른 친구한테서 발견하고 서로 협력한다. 이처럼 꿈의학교에서 다져진 동역자 정신, 협업 정신은 토대가 워낙 탄탄하여 학교 밖에 나가서도 쉽게 무너지지 않는다.

"보시면 아시겠지만, 저희는 시골에 있는 보통 학교입니다. 재정적으로 튼튼하지도 않고, 처음에는 잘하지 못하는 것도 있었습니다. 그러나 예수 그리스도라는 암반층에 뿌리 박혀 있습니다."

교감 선생님은 63빌딩의 예를 들면서 이 말씀으로 교육과정 설명을 마쳤다.

꿈의 공간을 돌아보며
• • •

학교 부지 안에 미생물을 배양하고 있는 곳이 있었다. 토착미생물을 이용하여 척박한 토양을 가꾸면 미래 농업혁명이 일어날 것이다. 얼마 전만 해도 아이들은 농업에 전혀 관심이 없었을뿐더러 싫어했다. 꿈의학교 몇몇 선생님과 아이들 모두가 큰 관심을 보이기 시작했다. 흔히 미래산업이라고 하면 IT를 먼저 떠올리지만 IT 못지않게 중요한 것이 농업이다.

"아마 몇 년 후에는 저희 학교에서 유명한 곳 가운데 하나가 될 것 같아서 미리 보여드리는 겁니다."

이인희 교장 선생님은 우리에게 선언하듯 이야기했다.

저만치 비닐하우스가 보여 농작물 재배용이냐고 물었더니 지금은 학교 기자재를 보관하고 있다고 했다. 그러나 장차 스마트팜과 연결하여 농작물 생산이 본궤도에 오르면 협동조합도 구상하고, 아이들은 창업 준비도 하게 될 것이다. 즉 미래 먹거리를 이곳에서 생산할 것이다. 더더구나 사물인공지능(AIoT)의 대가인 손문탁 교수의 연구소와도 연결되어 자연농법과 스마트농법을 융합하는 미래산업을 적극적으로 준비하고 있다.

대안학교가 지속하기 위해서는 학교 교육뿐만 아니라 대안적인 삶도 준비해야 한다. 이를테면 의식주 문제로부터, 또 자본주의로부터 자유로워야 하는데 이를 위해 자급자족의 시스템을 구축하는 것으로 매우 미래지향적이다. 그리고 꿈의학교는 이 일을 위한 토대를 만들어가고 있다.

꿈의학교가 지금은 평화롭고 아담하게 자리 잡고 있지만, 20년 전만 해도 그 땅에는 아무것도 없었다. 그런데 같은 꿈을 꾸는 사람들이 모여 함께 힘을 합쳐 오늘날의 꿈의학교를 빚어낸 것이다.
"저쪽부터 저기까지가 모두 저희 학교 땅입니다."
6만여 평에 달하는 척박한 땅을 그동안 제대로 활용하지 못했다. 그러나 여기에 농작물을 재배하고, 유실수를 심으며 땅을 회복시키는 일을 계속해왔다. 땅이 회복되니 사람도 회복되었다. 외국에서 공부한 졸업생들이 돌아와서 교사로서 이 일에 열심히 참여하고 있다 하니 지금은 별 볼 일 없어 보이는 비닐하우스가 장차 어떻게 변모할지 기대가 되었다.

"저기 통나무집처럼 보이는 하얀 건물은 '겟세마네'입니다. 저희 부모님들이 기도하는 장소를 만들었답니다."
겟세마네는 누구나 기도할 수 있도록 늘 열려 있다. 새벽에는 선생님, 아이들, 교직원들 누구나 기도할 수 있다. 기도의 불이 꺼지지 않는 한 한국 교회와 이 나라를 비출 다음세대는 계속 배출될 것이다.

또한, 은퇴 후에도 다음세대를 계속 키우면서 마을 공동체를 형성하기 원하는 선생님들이 학교와 이어진 곳에 땅을 구입하고 집을 지을 계획이다. 내년부터 집이 한 채 한 채 올라갈 것이다. 아울러 학교를 방문하고 싶어 하는 졸업생들과 학부모들이 와서 쉴 수 있는 공간도 마련될 전망이다.

■ **도서관, 꿈의학교의 심장**

초기에는 병원이었던 곳을 리모델링해서 꿈의학교 도서관을 만들었다. 이미 널리 알려져 있듯이 꿈의학교는 "독서 중심의 학교"다. 설립 초기부터 독서에 우선순위를 두었는데 정작 도서관은 초라했다. 도서관은 학교의 심장이라는 생각으로 꿈의학교 도서관 만들기 프로젝트를 실행했다. 선생님과 아이들과 학부모들 모두가 아이디어를 모아 지금의 도서관을 만들었다. 도서관 위층을 야외 카페처럼 꾸며 아이들이 먼 산을 바라보며 책을 읽을 수 있게 만들었다.

꿈의학교에서는 마치 조선 시대의 호처럼 선생님들이나 아이들이나 모두 꿈 이름을 사용한다. 한 예로 이인희 교장 선생님은 "꿈꾸는", 김철환 교감 선생님은 "넘치는", 도서관의 이규선 독서 선생님은 "듣는"이라고 자신을 소개했다.

꿈의학교 도서관에서

- **캐나다 어학연수**

캐나다에 꿈의학교 아이들을 위한 별도의 학교를 세웠는데 일종의 분교다. 꿈의학교 캐나다 어학연수는 17여 년 동안 계속되어 왔다. 선발 캠프를 거쳐 25여 명의 아이가 5개월간 캐나다에서 원어민 교사와 현지 학생들과 함께 공부한다. 2~4명씩 짝지어 현지인 호스트 가정에서 생활한다.

- **꿈의학교 둥지를 찾아서**

지금까지 꿈의학교는 약 1천 명의 졸업생을 배출했다.

정말 넘을 수 없는 벽인가?
• • •

대안교육에 뜻을 가지고 입학했으나 결국은 대학이라는 장벽에 부딪히는 것이 현실이라는 말은 수도 없이 해왔다. 대안학교에 입학 상담을 하러 왔다가도 빠뜨리지 않는 질문은 대학 진학에 관한 것이다. 기존의 사고방식이 여전히 남아 있기 때문이다. 꿈의학교에서도 마찬가지다. 공교육의 대안을 찾아온 대안교육인데 다시 대학입시라는 것으로 귀결된다면 그야말로 대안이 없는 것이 아닐까?

꿈의학교 고3 담임 선생님들과 교감 선생님은 입시철이 되면 서울권에 있는 대학들을 방문해서 입학 담당자들을 만난다. 그 과정에서 노골적으로 검정고시생은 안 받는다는 말을 들을 때도 있다. 아무리 아이들을 칭찬하면서 그들을 설득해도 막무가내일 때에는 선생님들이 많이 속상해한다.

꿈의학교의 경우 전체 학생의 약 3분의 2이상 진학한다. 그 가운데 40%는 국내 대학에, 30%는 국제 외국계 학교로, 또 나머지 30%는 국내외 예술학교에 진학한다. 예전에는 아주 극소수의 아이들이 예술과 해외를 택했는데 지금은 한 절반 혹은 그 이상까지 늘어나고 있다. 사실 대학 졸업장을 받는 것보다 적성과 전문성을 찾는 것이 훨씬 더 중요하다. 그래서 꿈의학교에서는 아이들이 이러한 것에 대해 고민하고 자신을 성찰할 수 있도록 도와준다.

이를 위해 2018년부터 DCC(Dream College Course)를 10명 내외의 아이들을 대상으로 시범 운영했다. 입시로 인한 고통을 줄여주기 위해 만든 교육과정이다. 즉 아이들은 DCC의 학점은행을 통해서 전문학사 혹은 학사 학위를 취득하고 대학교에 편입할 수 있다. 2018년에는 3명이, 2019년에는 2명이 학점은행을 통해서 독학사 학위 취득 과정을 마쳤다. 그리고 나머지 아이들은 검정고시를 치른 후 대학입시 준비를 하거나 고3 때 타 계열로 편입하였다.

아직은 낯설고 그다지 활발하게 진행되지는 않지만, 이것이야말로 대안교육의 꽃이라고 생각한다. 따라서 꿈의학교에서는 이를 위해 플랫폼을 만들 장기계획을 세우고 있다. 아울러 해외 선교대학과 연계하여 사이버 대학에 대한 포럼도 개최하면서 미래 대학을 꿈꾸고 있다.

만일 많은 대안학교가 대학입시라는 벽을 넘지 못한다면 온전한 기독교 대안교육을 할 수 없을뿐더러 미완성으로 끝나게 된다. 시작은 신앙으로, 마무리는 세상으로 하다 보면 일반학교와 대안학교의 차별성이 유명무실해질 것이다. 그렇지만 기독 대안대학을 통해 영성과 실력을 겸비한 전문을 양성한다면 세상에서도 환영받을 것이다.

이전과 똑같은 교육방식으로는 아이들의 미래를 보장할 수 없다. 예전에는 대학 졸업장과 전공을 통해 직업을 구하고 생활을 할 수 있었다. 그러나 다음세대에게는 적용할 수 없다. 즉 학위가 중요한 게 아니라 실제적인 경험을 중요시한다. 그 이유는 사회문제를 해결할 수 있는 사람들을 키우는 것을 교육의 목표로 삼기 때문이다.

이와 같은 변화를 많은 부모가 인식할 필요가 있다. 이를 위해 CTS 기독교TV도 여러 교육 사례를 영상에 담아 알릴 필요가 있다. 기독교 대안교육, 다음세대 사역, 미래 교육 등에 대해 동의를 하지만 돈이 없어서 못 한다는 말을 많이 듣는다. 그러나 역사를 돌아보면 돈이 없다는 것은 핑계일 뿐이라는 것을 확인할 수 있을 것이다. 하나님을 믿는 사람들이 진심으로 하나님이 원하시는 일을 할 때 필요한 것은 기도와 힘이다. 나머지는 다 채워주시지 않던가? CTS기독교TV 역시 기도로 세워지지 않았던가? 돈이 없는 것이 아니라 꿈이 없는 것은 아닐까? 다음세대를 살릴 꿈이 있다면 돈은 절로 따라올 것이다.

"저희는 믿지 않을 수가 없어요. 왜냐하면 저희가 아무리 계획을 세우고 노력을 해서 된 것이 아니에요. 누군가 기도를 하시는 겁니다. 선생님들이 기도하시고, 졸업생 학부모도 기도하시고, 알 수 없는 많은 분이 중보기도하시는 것이 분명합니다."

제2, 제3의 꿈의학교가 전국적으로 많이 세워지기를 바란다. 그러나 이 모든 일은 우리 힘만으로는 할 수 없다. 하나님이 주관하셔야 한다. 이를 위해 함께 기도하고 동역자들을 모아야 한다. 다음세대를 생각하며 한 교회 한 학교 세우기를 위해 기도해왔다. 그런데 현재 상황은 1~2년 전과 사뭇 다르다.

큰 교회, 중소 교회 모두가 대안학교 설립에 많은 관심을 보인다. 다만 구체적인 방법을 모르거나, 넓은 부지에 독립적인 건물을 가진 학교를 보고 주눅이 들어 망설이고 있는 곳도 있다. 작은 건물 1개 층을 빌려 학교를 운영하는 곳도 있고, 교회 내 사무실이 한 곳인 데도 있다. 우리 팀과 함께 대안학교를 직접 탐방하다 보니 하나님을 믿는다는 것이 학교마다 다 다르다는 것을 확인했다. 마치 하나님이 우리를 하나님 형상으로 지으셨지만, 사람마다 다르게 창조하신 것과 같았다. 따라서 다른 학교와 비교하기보다는 서로의 장단점을 보완하며 함께 세워가야 할 것이다.

다음세대 문제가 시급하다는 것은 이미 한국 교회들도 인정하고 있다. 이제 고민만 할 것이 아니라 교단과 교파를 넘어 연합하여 실질적인 행함이 필요하다. CTS다음세대지원센터가 구심점 역할을 하고 있다. 행함도 중요하지만, 연속성도 중요하다. CTS기독교TV가 복음방송이라는 정체성은 변함이 없으며, 앞으로도 복음전파를 위해 일할 것이다. 그러나 다음세대가 무너지면 누가 그 일을 이어받겠는가?

❖ 개요
- 설립연도: 2002년 3월
- 인가 여부: 비인가
- 주소: 충청남도 서산시 대산읍 영전1길 321
- 운영 형태: 중·고등학교(남녀공학)
  이사장 황성주, 교장 이인희, 명예 교장 이종삼
  교사 77명, 학생 278명
- 기숙 여부: 기숙/통학(자율)

❖ 교육목표
기독교의 기본적 가치와 원리를 이해하고, 그리스도인으로 사는 삶의 목적의식을 익힌다.

- 기독교 영성을 바탕으로 한다.
- 학생 중심의 교육과정이다.
- 학교, 교사, 학생, 부모가 함께 실현해 나간다.
- 삶과 교육을 일치시킨다.

❖ 교육과정 및 특별 프로그램
- 중등과정

2019년 일반 중등 교육과정을 DJ(Dream Junior) 과정으로 변경하여 열린 교육과정을 도입했다.

DJ 1학년: 책 읽기 및 그룹 활동

DJ 2학년: 캐나다 어학연수 (5~6개월 간 연수 프로그램 진행)

DJ 3학년: 진로교육 및 봉사활동

■ 고등과정

1학년: 중국 어학연수를 실시한다.

2학년: 검정고시 준비

3학년: 5개 계열로 나누어 수업

❖ 기타
- 월 2회 학생들이 직접 뉴스를 제작하고 공유한다.
- 매년 1회 솔로몬 학술제
- 학교 자체의 문화규칙: 전자기기 사용금지, 이성 교제 금지, 교사와 학생들은 서로 꿈 이름과 존대어를 사용한다.

WMS(Way Maker School)
새로운 길을 만드는 학교

송영광 대표님과 함께

새로운 길을 찾아서

● ● ●

경기도 판교에 있는 WMS의 모태는 '디랩코드 아카데미' 판교캠퍼스다, 디랩은 오프라인 중심으로 코딩교육사업이다. 디랩은 송영광 대표가 자녀에게 소프트웨어를 쉽고 재미있게 가르치기 위해 시작한 것이 2014년 창업으로 이어졌다. 현재 전국에 9개 캠퍼스가 있다. 그 가운데 판교캠퍼스에 WMS를 개교한 것이다.

우리 팀이 WMS를 방문했을 때, 한창 개교를 준비하던 중이었다. 최종 등록한 학생 수는 15~18명이라고 했다. WMS는 새로운 길을 만들 아이들을 가르치는 학교다. 새로운 길을 만든다는 것은 맞춤형 교육을 통해 아이들 하나하나 속에 숨어 있는 창의성을 끄집어내는 것이다. 그리고 그것을 현실적으로 어떻게 활용할지 안내하고 필요한 지식과 기술을 가르치는 것이다. 한마디로 이 시대가 요구하는 교육이고, 미래를 위한 교육이다.

송영광 대표는 지난 15년 동안 외국계 기업과 대기업에서 스마트폰 개발과 연구 그리고 프로젝트 관련 일을 했다. WMS에서는 STEM교육을 담당하고 있다.

한 자녀의 아버지가 되자 송 대표는 아이들을 어떠한 교육환경에서 키워야 할지 고심했다. 세상은 매우 빠르게 변하고 있다. 그런데 교육은 변하지 않고 있다는 것이 송 대표의 주된 고민거리였다. 그래서 그동안 유보해왔던 교육 분야에 적극적으로 뛰어들기로 했다.

4차 산업혁명의 시대를 살게 될 다음세대 아이들에게 필요한 능력은 무엇일까?

2000년까지만 해도 선진국 대다수는 교육에 있어서 독서(Reading), 글쓰기(Writing), 수학(Arithmatic), 즉 3R(각 단어에 포함된 R)을 강조했다. 그러나 4차 산업혁명 시대를 맞이하면서 "4C"가 그 자리를 대신하게 되었다. 4C는 의사소통능력(Communication), 협업능력(Collaboration), 비판적 사고능력(Critical Thinking), 창의력(Creativity)이다. 이것은 이미 전 세계 교육학계에서 정설로 받아들여지고 있다. 이것은 곧 인재상의 변화를 의미한다.

송 대표는 미래 교육의 방향에 관해 이야기하면서 미네르바스쿨(미네르바대학교)를 예로 들었다.

미네르바스쿨(Minerva School)은 세계적인 혁신 대학교다. 2014년에 설립된 온라인 플랫폼을 활용한 오프라인 대학교다. 대학 설립자는 기업가 출신이다. 이 대학교는 입학전형에 SAT 점수를 적용하지 않는다. 즉 점수는 배제하고 면접을 통해서만 뽑는다. 그 이유는 창의력, 문제해결력, 소통능력 등이 탁월한 사람이 필요한데, 점수로 이런 능력을 증명할 수 없기 때문이다.

미네르바스쿨의 학생 78%가 미국이 아닌 세계 여러 나라 출신이다. 미네르바스쿨의 또 다른 특징은 캠퍼스나 강의실이 없다는 것이다. 대신 전 세계에 7개(샌프란시스코, 서울, 하이데라바드, 베를린, 부에노아이레스, 런던, 타이베이)의 기숙사가 있다. 1학년 때에만 샌프란시스코에서 기숙 생활을 하고, 나머지 3년은 세계 기숙사가 있는 곳을 옮겨 다니며 생활한다. 그리고 해당 국가에 체류하면서 그 나라의 문제를 해결하는 것이 교육이고 과제다. 이렇듯 현지에 6개월간 체류하면서 원격 화상 수업을 받는다.

졸업생들은 다양한 분야에서 일하고 있거나 창업을 꿈꾸고 있다고 한다. 미네르바스쿨 졸업생들은 글로벌 인재로 인정을 받고 세계 굴지의 기업으로부터 인턴십 기회를 제공받고 있다. 그래서 그런지 '미네르바' 하면 "하버드대학교보다 들어가기 힘든 곳"으로 잘 알려져 있다.

WMS 역시 전 세계 시민으로 살아갈 다음세대에게 필요한 교육을 꿈꾸고 있다. 미래 시대에는 인공지능이 많은 것을 대신할 것이다. 따라서 새로운 방식의 교육이 절실하다.

WMS는 입시에 도움이 되는 공부가 아니라 인생에 도움이 되는 공부를 가르친다. 물론 입시라는 현실을 무시할 수는 없다. 그렇지만 WMS의 교육 방향은 인생에 도움이 되는 공부를 시키면서 진학과 진로의 문제도 적절한 방식으로 해결해 나가는 것이다. WMS는 검정고시와 수능 준비를 학교에서 시키지 않는다고 못을 박았다. 이로 인해 국내 대학 진학이 제한적이다. 다만 검정고시 점수 95점을 받아야 졸업자격이 주어진다.

창의적 인재를 양성하겠다는 WMS의 목표는 시대의 흐름이기도 한다. 다만 시대에 따라 창의력을 어떻게 기르는지 방법이 달라진다. 이 시대는 소프트웨어 역량이 중요시된다. 코딩교육은 창의력에 논리력과 문제해결 능력도 함께 키울 수 있다. 그러나 공교육 시스템에서는 코딩교육을 적용하기 힘들다. 공교육은 대학입시를 궁극적인 목표로 하고 있기 때문이다. 그러나 대안학교에서는 코딩교육이 가능하다.

WMS는 테크놀로지를 적극적으로 이용해서 사람과 사회를 향한 가치를 창출하는 것을 목표로 하고 있다. WMS가 속한 디랩의 ITC 교육은 열려 있다. 한 예로 방학 때, 200시간의 교육을 통해 1년에 100명의 소프트웨어 강사를 양성한다. 국가사업의 일환이므로 교육비는 국가에서 지원한다. 대안학교에서도 이 교육에 참여한다면 향후 전국 단위로 확산하여 기독교 대안학교에도 코딩교육이 전반적으로 가능해질 것이다. 이 프로젝트와 관련하여 기독교 대안학교를 위한 관련 워크숍을 열 수 있다면 CTS기독교TV가 홍보 역할을 할 수 있을 것이다.

국내 대학입시를 귀경길의 고속도로에 비유하면서, WMS는 고속도로나 국도가 아닌 새로운 길을 개척할 것이라고 한다. 새로운 길을 개척하기 위해서는 영감(inspiration)이 매우 중요하다. 그래서 WMS는 고전과 신학과 교육, 세 가지를 융합하려고 한다.

WMS 커리큘럼에 독서 토론이 포함되어 있는데, 아이들은 성경과 인문 고전들을 읽고 토론한다. 또한, 기술적인 능력을 키우기 위해 수학이 중요하므로 수학과 코딩 수업을 한다. 또 영어 수업을 하고, 음악과 체육 수업도 진행한다. 이 외에 예배와 감사편지 쓰기를 포함한 예닐곱 가지 활동이 있다. 그리고 오후에는 가치를 창조하는 프로젝트 수업을 진행한다. 이렇게 하면 대개 오후 4~5시면 수업이 끝나지만, 아이들이 자신의 작품이나 앱을 만들기 위한 시간을 주기 위해 오후 6~7시까지 열어두겠다고 한다.

"즐겁고 지적 호기심이 일으켜지고 또 재미가 있어야 합니다. 이와 학습이 별개가 아니라 교육을 통해서 놀이할 수 있고 놀이를 통해 학습할 수 있는 그런 교육이 바람직한 교육입니다."

현재 선생님(코치로 칭함)은 7명이다. 모집 대상은 초등학교 5학년에서 고등학교 1학년이다. 학비에 관해 묻자 일반 대안학교보다는 높고, 국제학교보다는 낮은 편이라고 했다. 그러나 향후 정보통신기술을 이용하면서 학비를 대폭 낮출 생각을 하고 있다고 했다. 참고로 WMS는 기숙사형 학교가 아니다. WMS는 마이크로스쿨을 지향한다. 4차 산업 혁명을 대비한 인재양성을 위해 마이크로스쿨이 세계적인 대세다. 사실 마이크로스쿨은 대안학교의 모델 가운데 하나로 볼 수 있다. 특징은 개인 맞춤 교육을 기반으로 한다.

이처럼 처음 문을 여는 대안학교에 자녀를 입학시키는 학부모들은 염려한다. "이 학교 몇 년 하다가 없어지는 것은 아냐?"

그러나 WMS는 아이들이 고3이 될 때까지 끌고 가겠다고 했다. 고3이 되어야 WMS의 궁극적인 미션을 수행할 수 있기 때문이다. 앞서 말했듯이 입시와 진로에 있어 새로운 길을 만드는 것이다.

인생의 성공을 어떻게 정의할 것인가?

• • •

인생의 성공이라는 것에 대한 정의는 다양하다. 지금까지 대학교 진학이 인생의 성공과 동일시되던 때가 있다. 그러나 지금은 소위 좋은 대학에 가는 것도 힘들고, 졸업해도 취업이 어렵다. 대기업에 취업했다고 해도 정년이 턱없이 낮아진 지 오래다. 반면에 우리의 기대수명은 83.3세(2019년 KOSIS 기준)에서 100세를 목전에 두고 있다. 만일 50대에 퇴직했다면 나머지 30년은 어떻게 살아갈 것인가? 우리는 80대까지 계속 학습해야 하는 시대로 가고 있다.

WMS는 인생의 성공으로 가는 새로운 길을 만드는 것을 목표로 한다. 그리고 인생의 성공에 있어서 가장 중요한 과정은 "스스로를 고용할 수 있는 능력"이라고 말한다.

"저희는 학교지만 학생들이 기업을 설립하거나 운영하게 하는 방향성을 갖고 있습니다. 이를테면 아이들이 아버지와 함께 협동조합 같은 것을 세워 수익을 만들게 해보려는 것도 한 목표입니다."

그 어떠한 커리큘럼보다 중요한 것은 사람이다. WMS의 선생님들은 저마다 확고한 소명감과 비전을 갖고 있다.

그러나 아이들 각자가 지닌 다양성을 표현하지 못하는 교육시스템에서 한계를 느꼈다. 그래서 보다 유연한 학교, 서로의 다름을 인정하고 키워줄 교육을 모색했다.

이제 레베카 선생님은 WMS에서 자신의 꿈꾸던 교육을 실천하고 있다. 그리고 아이들에게 이렇게 말한다.

"하나님께서 함께하실 때, 내가 걸어가면 길이 된다."

다이애나 선생님은 코딩과 영어를 가르친다. 아이들에게 내재한 가능성이 사회적 구조로 인해 발휘되지 못하는 것을 매우 안타깝게 여겼다. 초등학교 때부터 캐나다에서 공부한 다이애나 선생님은 "자기가 하고 싶은 분야에 사명감과 목적을 가지고 대학을 가는 것이 아니라 점수에 맞춰 과를 생각하는" 한국 학생들의 모습을 보면서 충격을 받았다. 교육 자체가 목적이 아니라 삶의 목적과 꿈의 도구가 되는 교육을 실천하기 원했다. WMS에서 아이들에게 영어로 일기를 쓰게 하고, 영어로 프레젠테이션을 하고, 영어로 자기만의 유튜브 비디오를 만들 수 있도록 아이들을 가르치고 있다.

크리스 선생님은 인문학을 담당하고 있다. 어느 날 기도하다가 비전을 발견했다. 자신이 어디로 가는지 모르고 달려가는 아이들에게 길을 찾아가게 하겠다는 비전이다. 1%의 아이들을 위해 희생당하는 99% 아이들에게 의미 있는 교육을 실천하고 싶다는 비전이다. 그리고 그 비전을 WMS에서 이루어 가고 있다.

또한 아이들에게 이렇게 말한다.

"부모님들도 길을 모릅니다. 부모님들 뒤에 숨어 부모님이 제시하는 길을 따라가려고 하지 말고 여러분이 스스로 길을 개척해야 합니다."

WMS에서는 얼마든지 도전하고 실패하면서 새길을 만들어 갈 수 있기 때문이다.

송영광 대표가 직접 아이들에게 강의하는 모습

미래대학을 꿈꾸며

● ● ●

많은 대안학교의 꿈과 비전이 대학입시라는 거대 공룡 앞에서 좌절한다. 그래서 대안대학교 설립을 그 해결방안으로 제시한다. WMS 역시 결은 다소 다르지만, 대학 설립을 꿈꾸고 있다. 그러나 궁극적인 목표에는 공통분모가 존재하기 때문에 다양한 방법으로 서로 공조할 수 있다고 생각한다.

"저희는 어떻게든 세울 거에요. 2024년을 목표로 하고 있습니다."

송 대표의 말이다.

WMS는 몬드라곤 팀 아카데미(MTA:Mondragon Team Academy)에서 대학의 미래를 바라본다. 몬드라곤은 스페인의 유일한 대기업이다. 이 기업의 매출은 약 20조 원이며, 기업의 목표는 고용이다. 200여 개의 협동조합으로 구성되어 있다. 만일 협동조합 하나가 없어지면 다른 협동조합에서 그 직원들을 흡수한다. 그 가운데 흡수 못한 사람들은 창업할 수 있도록 도와주자는 의도에서 대학을 설립했다.

MTA는 핀란드의 혁신적인 창업교육인 TA(Team Academy)와 몬드라곤 협동조합의 정신, 또 창업 경험을 더하여 만들어진 "팀 기반 창업 혁신가 양성 프로그램"이다. MTA에서는 팀원 모두가 리더십을 발현하고, 함께 변화를 주도한다. 또 실전을 통해 배운다. 도전했다가 실패하거나 한계에 부딪혔을 때, 그 상황을 직시하고 행동을 바꾼다. 이러한 과정이 반복되면서 팀과 팀원은 해결책을 찾는다.

현재 한국에도 MTA Korea가 있다. 캠퍼스가 그리 크지 않고, 정부와 협력해서 운영한다. 학생 수는 70~80명 정도이다. 이 대학을 나오면 유럽의 4년제 학사 학위가 수여된다.

어찌 보면 MTA의 교육 방법론은 우리 팀이 방문했던 여러 기독교 대안학교에서도 발견할 수 있다. 다만 표현이 다르고 문화가 다를 뿐이다. 그리고 무엇보다 기독교 신앙을 근간으로 한다는 것이 다를 뿐이다. 한 교회 한 학교 세우기 운동이라든가 기독교 대안대학 설립에 있어서 MTA를 벤치마킹하는 것도 좋을 듯하다.

"단지 한 학교를 세우는 것도 중요하지만 대한민국 전체의 교육을 혁신하는 것이 목표입니다. 앞으로 국내 대학은 10~15개 대학을 제외하고는 의미가 없어질 것입니다."

대학교를 졸업해도 취업이 안 되는 상황에서 이러한 대학교가 세워지면 아이들의 창업률과 고용률이 높아질 것이라며 송 대표는 이렇게 덧붙였다.

"캠퍼스의 크기가 한국에서 요구하는 규격에 안 맞아도 상관없어요. 약 200평 정도되면 100명 정도 수용할 수 있을 것 같습니다. 그리고 저녁 시간에 '50플러스' 교육을 병행하면 수익성도 괜찮을 것 같습니다."

부동산도 자본도 아닌 사람의 지식과 아이디어가 가장 중요해진 시대다. 다음세대 교육은 더더욱 중요하다. 대학교 때 배운 것으로 평생을 먹고 살던 시대는 이미 지나간 지 오래다. 지금은 대학에서 배운 것들의 12분의 1이 10년 지나면 없어진다고 한다.

　WMS의 롤모델은 슈밤 배너지(Shupham Banerjee)다. 슈밤 배너지는 인도계 이민 2세다. 중학교 1학년 때 "시각장애인들은 어떻게 읽을까?"라는 궁금증을 갖게 되었다. 부모님께 물어봤더니 구글에서 검색해보라고 답해 주셨다. 구글을 검색해보다가 시각장애인용 프린터 값이 200만 원을 훌쩍 넘는다는 사실을 알게 되었다. 그래서 어떻게 하면 싼 프린터를 만들 수 있을까 고민하다가 2013년, 레고블록에서 답을 찾았다. 레고블록을 이용한 점자프린터를 학교 과학경진대회에 출품해서 대상을 받았다. 그리고 2014년 부모님으로부터 3만 5천 달러를 지원받아 '브레이고 랩스'(Braigo Labs)를 창업했다. 그 후 인텔이 10억 정도를 투자해서 사업을 이어가고 있다.

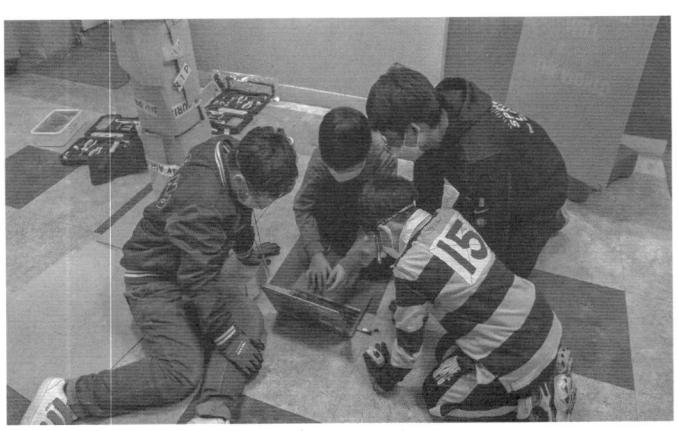

직접 코딩을 짜고 있는 학생들

WMS 아이들은 슈밤 배너지의 창업스토리에서 나타난 현실 파악, 공감, 문제 인식, 시도, 테스트라는 모든 과정을 경험하게 될 것이다.

한국의 교육시스템에서 아이들이 열심히 공부할 수는 있으나 자신감, 자기 효능감은 너무 낮다. 즉 공부하긴 해도 그것을 배워 어떻게 세상에 기여할 것인지에 대한 인식이 없다. 그래서 아이들이 읽고 쓰고 외우는 공부를 덜 하더라도 뭔가 가치를 창출할 수 있는 시도를 하도록 도와야 한다. 가치 창출의 일인자는 기업이다. 그래서 WMS는 "기업 곱하기 학교"(기업×학교)를 지향하고 있다.

앞으로 전국 9개 디랩 캠퍼스마다 WMS를 세우는 것을 목표로 삼고 있다. 전국 디랩은 직영과 파트너십을 병행하여 운영하고 있다. 파트너십의 경우 원래 디랩과 결이 맞아야 하고, 아이들의 프로젝트를 인도할 수 있는 역량이 있어야 하며, 실제로 운영할 자금이 있어야 한다는 것이 조건이다.

WMS의 데이터가 축적되고, 그것이 좀 더 시스템화되는 데는 2~3년이 걸릴 것이라고 한다. 그 후 워크숍 등을 통해 WMS의 구조를 그대로 활용할 수도 있겠고, 응용할 수도 있을 것이다. 아울러 CTS다음세대지원센터와 파트너십을 구축하여 전국의 기독교 대안학교 교사 교육프로그램을 함께할 수 있을 것이고, 이에 WMS측도 동의했다.

❖ **개요**
- 설립연도: 2021년 3월
- 인가 여부: 비인가
- 주소: 경기도 성남시 분당구 운중로138번길 7
  (1차로 판교캠퍼스 디랩 스튜디오 공간에서 학교 시작)
- 운영 형태: 초등/중등/고등 (송영광 대표)
  교사 1인당 학생 7명 이하로 배정,
  학생 수 약 15명(4~9학년)
- 기숙 여부: 통학형

❖ **교육목표**
- 하나님과 공동체 안에서 자신만의 가치를 창조하는 아이들을 길러 낸다.
- 사람과 사회에 필요를 창조하기 위해 공부한다.
- 스스로 가치를 만들며 생성해내는 창업자 정신을 키운다.
- 테크놀로지 교육은 모든 분야의 기본이며, 스스로 생존 전략에서 중요한 능력이다.

❖ **교육과정 및 특별 프로그램**
- 개개인의 역량과 재능에 맞춘 무학년제, 무 커리큘럼
- 메인 교과: 독서 토론(성경이 포함된 고전), 수학, 영어
- 교양과목: 음악, 체육

- 가치창조 프로젝트를 통한 앙트레프레너십(Entrepreneurship) 프로그램 운영

❖ **기타**

- 마이크로스쿨로 운영 예정(영국에서 시작된 마이크로스쿨 운동은 현재 미국으로 확대되어 IT기업의 임직원과 의사, 변호사 등의 전문직 종사자의 자녀들을 중심으로 운영되고 있다.)
- 향후 대구, 동탄(경기도), 대치(서울)에 학교를 열 예정

IT비전학교
IT기독학교

한민형 교장 선생님과 함께

"내가 여기 있나이다. 나를 보내소서!"(사 6:8)

저는 아직도 꿈을 꿉니다

• • •

"제가 처음 컴퓨터를 만진 때는 1993년경이었습니다. 그 당시 형편이 어려웠던 터라 컴퓨터가 제게 안겨준 감동과 감격은 이루 표현할 수 없습니다."

한민형 교장 선생님은 다른 목회자들에 비해 다소 늦게 컴퓨터를 장만했다. 그러나 컴퓨터에 있어서는 그 어떤 목회자보다 뛰어나겠다고 결심했다. 그리고 이를 위해 기도하면서 밤을 새우다시피 컴퓨터 공부에 몰입했다. 독학으로 컴퓨터를 익히고 게임 개발을 구상하면서 각종 프로그램 툴을 넘나들며, 웹디자인과 CG, 3D, CGI, PHP에 시간을 많이 할애했다. 그러다 보니, 손가락 관절염이 허리 관절과 발가락 관절까지 퍼져 큰 아픔을 겪었다. 그래도 컴퓨터 공부를 포기하지 않았다.

목회자로서의 이러한 모습이 생소해 보일 수도 있다. 그러나 한민형 교장 선생님의 목표는 분명했다. 장로회신학대학교를 다닐 때부터 청소년 선교에 헌신하는 목회자가 되기로 결단한 것이다. 이를 위한 준비와 과정을 통해 IT비전학교를 설립했다. 그리고 이 모든 과정이 하나님의 부르심에 응답하기 위한 준비 과정이라는 확신을 잃지 않았다. 이따금 마음이 흔들릴 때면 기도를 통해 마음을 다잡았다.

1997년, IMF 외환위기 때 거리로 나온 청소년들을 대상으로 복음선교 사역을 진행했다. 그 당시 그 사역은 경제적 여건이 매우 어려웠지만, 선교 현장을 통해 시대가 급변하고 있다는 것을 깨달았다. 그때의 미팅 미션은 현재의 대안학교 운영자가 되기 위한 훈련과정이 되었다.

"아직도 저는 꿈을 꿉니다. 하나님 나라가 대한민국의 첨단 IT 기술과 IT비전학교의 실력자들에 의해 순식간에 세계 속으로 뻗어 나갈 것이라는 꿈입니다. 이웃과 교회가 너희의 도움을 요청하면 언제든지 '내

메타버스 구축 수업

가 여기 있나이다'라고 신앙고백을 하며 나서야 합니다!"

미래의 주역을 길러내는 IT비전학교

• • •

　IT비전학교는 인성과 실력을 겸비한 IT 인재양성을 목표로 설립된 대안학교다. 따라서 학생들이 첨단 IT 기술력을 익히고 이 시대의 빛과 소금의 역할을 할 수 있도록 가르친다.

　IT비전학교를 통해 IT 실력을 갖춘 IT 인재들이 배출되어 사회에 공헌하고 있다. 그리고 재학생들 역시 더 나은 미래를 위해 열심히 노력하고 있다. 또한, IT비전학교는 매우 유기적 연합구조의 대안학교다. 졸업한 선배와 재학생 후배들이 각자 기술로 소통한다. 그래서 상황이 요구하면 언제든지 네트워크를 통해 팀워크를 진행한다. IT비전학교는 선후배들이 모여 헌신하는 자세로 농어촌과 해외에 IT 기술을 지원하는 큰 역할을 감당해 나갈 것으로 준비하며 꿈을 키워가고 있다.

최근 테슬라의 CEO 일론 머스크는 자신의 자녀를 학교에 보내지 않는 것과 관련하여 '언스쿨링'(Unschooling)을 강조했다. 언스쿨링은 정규학교에서 배울 것이 없으므로 정규학교를 그만두고 다른 곳에서 지식을 배우는 재택학습이다. 또한 『제3의 물결』, 『부의 미래』의 저자며, 금세기 최고의 미래학자 앨빈 토플러는 이 시대를 폭발적 변화 시대라고 말한다.

한민형 교장 선생님은 이 두 사람의 말을 인용하면서 한국의 학교 교육 현장을 되돌아보게 된다고 했다. 그리고 학교가 이러한 변화에 빨리 대응하지 못하면 이 땅의 젊은 인재들이 기쁨을 잊고 좌절 속에 던져질 것을 염려했다. 반면에 IT비전학교 학생들이야말로 4차 산업사회에 중심이 될 것을 확신했다.

"앨빈 토플러는 『부의 미래』, 7부 데캉스에서 이 시대 변화속도에 가장 느리게 반응함으로 퇴보를 자처하는 단체는 미국 학교 교육과 그에 따른 교육정책기관이라고 강도 있게 논했지요."

교장 선생님의 소망처럼 학생들은 뚜렷한 목적의식을 지니고 IT기술을 꾸준히 학습하고 있다.

IT비전학교는 비인가 대안학교이므로 대학교에 진학하려고 학력을 인정받기 위해 검정고시를 별도로 치른다. 입학할 당시의 아이들 대부분이 일반공부보다도 컴퓨터를 좋아하는 청소년이었으므로 일반과목 성적은 다소 부진했다. 그러나 본교에 입학 후, IT 몰입교육에 힘입어

학생들의 집중력이 강해져 기억력과 학습 이해력이 크게 향상되어 갔다. 그 결과로 고3 학생의 검정고시 점수는 평균 95~100점이다.

IT비전학교는 중·고등 과정으로 남자 대안학교다. 2022년부터는 초등5, 6학년 과정도 개설하려고 준비 중이다. 이는 정보통신 분야는 조기교육이 절실하기 때문이다.

미래를 준비하다-메타버스 플랫폼 구축

∙ ∙ ∙

"이 시대는 초연결(hyper connectivity)과 초지능(super intelligence)으로 더 넓게(scope), 더 빠르게(velocity), 더 크게(impact), 우리의 생활영역에 다가오고 있습니다. 이러한 현상은 기존의 틀을 바꾸어 놓고, 우리가 살아가는 방식과 사고에 큰 영향을 주고 있지요."

4차 산업사회는 전 세계 모든 나라와 인종이 실시간으로 동시에, 또는 시차를 두면서 새로운 이웃을 형성할 것이다. 이로 인해 글로벌 사회는 총체적 새로운 사회로 더욱 빠르게 변모할 것이다.

이러한 소용돌이 속에서 IT비전학교는 설립 15년 차에 이르기까지 줄곧 IT 기술학습 증진에 힘써 왔다. 그 결과 일반 공교육과 IT 기술교육을 통틀어 단연 탁월한 기술력을 갖춘 학교가 되었다.

IT비전학교는 10여 년 전부터 메타버스 제작기술에 집중해왔다. 학생들이 메타버스 구축 IT 기술력에 높은 관심과 기술력 증진에 많은 시간을 연구하는 중이다. 그 결과 학교 교육을 담은 메타버스 플랫폼 사역(Platform Mission)도 자체적으로 추진할 수 있게 되었다. 또한, 이 분야의 훌륭한 인재들을 배출했다.

현재 IT비전학교의 재학생, 졸업생 및 한국 교회와 사회 각 기관과 함께 세계를 향해 뻗어 나갈 한국형 메타버스 플랫폼을 구축하고 있다. 한국 교회와 기관과 한국 크리스천들이 참여할 수 있도록 열린 플랫폼 사역이 될 것으로 기대한다. 이를 위해 확고한 거버넌스(governance) 커리큘럼과 더불어 매일 매 순간 플랫폼적 사고(Thinking by Platform)를 공유하며 수업을 진행하고 있다.

IT비전학교의 자랑거리

2021년, 고3 졸업생은 총 3명인데 모두 검정고시에서 100점을 맞았다. 모두가 각자 희망했던 대학교에 진학했다. 대학교 1학년인 학생이 IT 계열 회사에 연봉으로 정식 취업한 직장인이 되었다. 그 회사에서 본교 졸업생의 탁월성을 발견하여, 이들의 재택근무를 인정해 주었다. 어린 대학생임에도 높은 연봉 계약을 맺은 특이한 직원이 된 것이다. 즉 이들은 대학생활을 하면서 주말에만 가끔 출근하는 것이다.

IT비전학교의 학생들은 일반학업과 인성교육, 신앙교육에 바람직한 방향으로 잘 성장해가며 주어진 학교 학습에 충실하다. 그리고 학생들은 본교의 'IT 자격증 수업'에서 '국가공인 OA자격증'을 매 학기 1~2개를 취득한다. 그러므로 졸업 때 국가공인 OA자격증은 평균 개인당 7개 내외를 취득하며, 또한 첨단 IT 관련 민간자격증(로봇 교육지도

사, 3D 프린터 지도사, 3D CG 콘텐츠 제작자, VR 콘텐츠 제작자, 메타버스 플레이어 디자이너, 드론 정비사, PC 튜닝 기술자 등)도 5개 내외를 취득한다. 이러한 자격증은 진학 및 취업에 큰 보탬이 된다.

쾌적한 첨단 주변 환경도 빼놓을 수 없다. IT비전학교 옆 건물이 용산문화체육센터이므로, 기상과 함께 헬스로 하루가 시작된다(코로나19로 인해 현재는 진행하지 않고 있다.). 또한 첨단과학전 중소기업 박람회 등을 견학할 수 있는 코엑스, 킨텍스가 가까이 있다. 학교 주변에는 오락 유해 시설이 없고, 분수대와 더불어 매우 쾌적한 환경이다. 그뿐 아니라 종로서적, 교보문고 탐방이 정기적 학습 커리큘럼에 포함되어 있다. IT 관련 도서 및 인문경제 도서를 읽고 평하는 수업도 진행한다. 서울역사박물관, 서울애니메이션센터, 경복궁 견학, 서소문 미술관, 철도박물관, 인사동 한옥마을 탐방 등이 진행된다. 교통입지 역시 빼놓을 수 없는 장점이다.

"차량으로 KTX 용산역까지 10분, KTX 서울역까지는 10분, 용산 전쟁기념관까지 5분, 용산 국립중앙박물관까지 10분, 효창공원까지 5분, 남산도서관까지 15분, 남산과학관까지 15분, 청계천까지 15분, 한강 시민공원까지 15분, 여의도 시민공원까지 20분이면 갈 수 있습니다."

그리스도인은 기술적·문화적 변화 속에서 세속과 타협하지 않고 이웃에게 다가갈 방법을 늘 고민하고 행동으로 옮겨야 한다. 갈수록 IT비

일반과목 수업을 듣는 학생들

전 학교 존재 가치가 더욱더 빛을 발하게 될 것이다. 이것은 곧 하나님 나라를 향한 교육과 선교 감당으로 이어질 것으로 확신한다.

❖ 개요
- 설립연도: 2008년
- 인가 여부: 비인가
  (2020년 1월 28일 서울시로부터 "대안교육기관 신고필증" 받음)
- 주소: 서울시 용산구 백범로 90길 8
- 운영 형태: (현재) 중·고등 과정, 2022년 (초등 5, 6년 과정 개설)
  교장 한민형 목사
- 기숙 여부: 기숙/통학(자율 선택)

❖ 교육목표
- 인성과 실력을 겸비한 탁월한 IT 인재 육성
- 글로벌 이웃들과 함께하기 위한 첨단 IT 기술력을 배양
- 개인의 목표와 예절과 체력 강화

❖ 교육과정 및 특별 프로그램
- 일반과목: 영어, 영어 회화, 수학, 국어(논술), 과학, 사회, 국사
- IT 과목: 메타버스 전문교육, 3D CG(3Ds Max, Unreal, Unity 3D, Lumion), VR(가상현실), AR(증강현실), MR(혼합현실), 2DCG(포토샵, 일러스트), 웹디자인, 로봇 교육 및 프로그래밍, OA 자격증 취득, 하드웨어, 첨단센스, 드론 제작, RC-Car와 기계 메커니즘, 3D 프린터, 3D 캐드와 설계, 창의력 훈련, 첨단미래사회, web 제작, 쇼핑몰 운영 벤처창업교육, 자격증 취득, 하드웨어 이해, 첨단 디지털센스 구조

- 인성 과목: QT, 비전 심기, 예절교육, IT 수련회 등
- 체육 및 탐방: (매일 아침) 헬스, 매일 샤워, 매주 축구 시합(한강 축구장), 코엑스·킨텍스 첨단 IT 발표회 참관, 교보문고·도서관 탐방 등

❖ 기타
- 남자 중·고등 과정으로, 2022년부터 초등 5, 6 과정도 개설된다.
- 서울의 중심(용산)에 위치하여 첨단교육 인프라가 우수하다.
- 벤처창업 수업 및 탁월한 IT 기술력을 소유하게 된다.
- 학업 영역 개별 선택 및 각 비용
- 2022년부터 4영역으로 수업이 진행되며 각 학생(학부모)이 선택한다.
    - 선택 1영역: (오전) 일반과목 중심(월 30만 원)
    - 선택 2영역: (오후) IT 수업 + 자격증 취득(월 30만 원)
    - 선택 3영역: (저녁) IT 기술, 연구, 주도학습(월 30만 원)
    - 선택 4영역: 기숙사 생활(월 20만 원)
- 장학 혜택
    - 저소득층(증빙자료): 학비 100% 감면
    - 성실 출석, 성적 우수자(학생부 증빙자료)
    - 목회자, 선교사 자녀
    - 메타버스 콘텐츠 구축 작업 가능 청소년
    - (입학 후) 본교 학업 성적 우수자
- 각종 지원
    - 교복 비용, 식비(일부) 지원

- 학교안전공제중앙회 개인별 보상보험료(무료)
- 첨단 IT 자격증(로봇, 3DCG, VR 등) 취득 비용
- 졸업 후, 진학 또는 취업 연계
- 메타버스 콘텐츠 제작 연구

■ 학생선발 합격 평가 기준(100점 기준)
- 적성, 감성: 40%
- 성실, 목표 지향성: 20%
- 학업 성적: 20%
- 학부모의 IT비전학교 이해도: 10%
- 기타, 추천서: 10%
- 추가 가산점: 컴퓨터 실력 증빙자료(+10점)

알아보기

해크먼 교수 이론과 출산율 증가

제임스 J. 해크먼(James J. Hackman)은 시카고 대학교의 헨리 슐츠 경제학 석좌교수이며 인간 개발 경제학의 전문가다. 2000년, 계량경제학 방법을 발전시킨 공로로 노벨경제학상을 받았다. 그런데 노벨상을 받은 이후 연구 분야를 바꾸었다. 즉 영·유아·아동 환경 연구를 시작한 것이다.

출생 후 5세까지 가능한 한 최대의 투자와 교육을 주장했다. 이 시기의 교육과 투자는 그 효율성이 극에 달하기 때문이다. 특히 열악한 환경에 있는 영·유아 교육에 투자하는 것은 곧 사회적 비용을 줄이고 막대한 이윤을 창출하는 미래투자라는 것이다. 유아기 발달과 교육은 성인이 된 이후의 삶에 지대한 영향을 미치며 삶의 성공 여부도 결정한다는 주장이다. 따라서 유아교육에 투자하는 것은 곧 사회적 비용을 줄이는 효과적인 전략이라고 강조했다. 즉 이 시기에 제대로 된 교육이 행해지면 학교 중퇴율, 범죄, 빈곤, 건강 악화를 줄이고, 이것은 곧 납세자의 부담도 대폭 줄일 수 있다는 이론이다. 실제로 해크먼 교수는 '페리 유치원' 프로그램 분석을 통해 연간 7~8%라는 투자수익을 예시했다. 그리고 최근 연구를 통해 이 수치를 연간 13%까지 끌어올릴 수 있다는 것을 보여주었다. (www.heckmanequation.org)

해크먼 교수는 말한다.
"유아교육에 투자하는 것은 경제성장을 촉진하기 위한 비용을 줄이는 효율적인 전략입니다."

해크먼 교수의 이론은 국가가 왜 아이들(임신 기간을 포함한 5살 미만 어린아이) 미래에 투자해야 하는지 분명히 보여준다.

5세 미만의 아이들은 두뇌발달 속도가 매우 빠르고, 이 시기에 형성된 인지능력 및 성격이 한 인간의 삶을 결정짓는다. 또한, 고도의 교육은 장차 고급인력을 양산한다. 이것은 곧 국가경쟁력으로 이어진다. 모든 영·유아 프로그램이 공통으로 보여주듯이 조기교육 프로그램의 효과는 매우 장기적으로 나타난다. 예컨대 1달러를 유아기 교육에 투자하면 25세 때 17달러를 투자한 것과 같은 효과를 낸다고 한다.

이러한 해크먼 교수의 이론은 출산율에 어떠한 영향을 미쳤을까?
북유럽 국가들은 2000년을 전후하여 의무교육의 나이를 5세에서 3세로 낮추었다. 그러자 교육비와 양육비에 대한 부담이 줄었고, 출생률은 높아지기 시작했다. 사실 출산율 증가 효과는 해크먼 자신도 예측하지 못한 것이었다.

세계은행 기준 1999년 1.5명까지 떨어졌던 스웨덴의 합계 출산율은 10년 뒤인 2009년 1.94명까지 올라갔다. 노르웨이와 덴마크 등 다른 북유럽 국가들도 비슷한 결과를 얻어냈다. 재정에 다소 여유가 있었던 영국과 독일 등은 의무교육 확대 정책을 재빨리 따라갔고, 남유럽 국가들은 그렇게 하지 못했다. 2019년 기준 출산율은 영국이 1.65, 이탈리아가 1.27로 상당히 차이가 난다. (한경 오피니언 기사 2021.04.30.)

2020년 2분기 기준 우리나라의 합계 출산율은 0.84명이다. 경제학 분야의 '생애 초기 가설' 관련 연구는 어릴 때 빈곤과 질병 기근 지진 등 부정적 경험이 성인기의 건강이나 인적자본 형성에 부정적 영향을 미칠 수 있음을 보여준다. 그만큼 생애 초기 개입의 중요성을 강조하고 있다.

해크먼 교수는 영·유아기에 이뤄진 조기 투자가 개인의 인적자본 향상에 가장 효과적이라고 주장했다. 실제 영·유아에 대한 조기 개입 정책의 효과가 학령기 인지 및 학업 성취뿐 아니라 청년기 고용이나 소득에까지 영향을 미치는 걸 보여주는 연구도 많다. (동아일보 2020.12.17.)

OECD 대다수 국가가 해크먼 교수의 '생애 초기 가설'을 진지하게 고려하고 있다. 그리고 출산율 증가 및 영·유아 보육·교육서비스 정책수립과 실행에 적용하고 있다.

베일러국제학교

베일러국제학교 캠퍼스 앞에서

기적의 학교
• • •

"기도로 세운 학교에요."

설립자인 변사라 대표와 제프리 교장 선생님이 동시에 말했다. 기독교 학교지만 비기독교인 비율이 50%를 넘어가고, 매일 아침 8시 학부모들의 기도로 학교를 세우는 자유스러움 속에서의 하나님의 질서가 느껴지는 이제 막 5년 차를 맞이한 젊은(young) 기독교 국제학교, 베일러국제학교를 만나봤다.

한국에 있는 베일러국제학교에서는 6~12학년 과정을 운영하고 있다. 국내외 학생 누구나 지원할 수 있으며, 한국의 안성캠퍼스에서 교육과정을 이수한 아이들은 미국 사립학교 졸업장을 받을 수 있다. 해외 대학에 진학할 자격이 주어진다.

베일러국제학교는 교육재단 Valor Global Foundation을 모태로 탄생했다. 미국과 한국, 두 곳에 캠퍼스가 있다. 미국 캠퍼스는 2016년 오리건주 포틀랜드에, 한국 캠퍼스는 기독교 교육의 변화와 혁신을 모토로 2017년 안성에 설립되었다. 베일러국제학교(Valor International Scholars, VIS)는 미국 오리건주에 위치한 Valor Christian School International(VCSI)의 두 번째 캠퍼스로 한국과 세계를 변화시키고 싶은 꿈 위에 세워졌다. 이사회는 동일하며, 한 이사회가 두 학교를 같이 운영한다. 미국 캠퍼스 학생들은 대다수가 백인이다. 미국 캠퍼스나 한국 캠퍼스 모두 가족과 같은 공동체 분위기를 띠고 있다.

베일러국제학교는 기도로 세워진 학교다. 베일러(valor)는 '용기', '용맹'이라는 뜻이다. 하나님을 믿는 신앙으로 포기하지 않고 용기 있게 나아가자는 뜻에서 선택한 이름이다. 즉 행동하는 믿음, 실천하는 믿음이다. 그리고 베일러국제학교는 목회자의 딸인 젊은 변사라(Sarah Byon, CEO, Co-founder) 대표와 재미교포인 제프리 안(Jeffery Ahn, Head of School, Co-Founder) 교장 선생님을 주축으로 기독교 교육의 변화와 혁신을 꿈꾸고 있다.

미국 기독교 사립 초·중·고 교과과정을 기반으로 한 베일러 자체 커리큘럼을 개발했다. 베일러국제학교는 세계적인 수준의 교육 커리큘럼을 지향하는 혁신적인 학교임을 자부한다. 과목별 이동수업을 진행한다. 교육과정은 하버드대학교의 '월드 코스'(World Course)를 기반으로 하고 있다. 영어, 수학, 과학, 사회를 중심으로 하면서, ELL (English Language Learner)과 STEAM 프로그램을 운영하고 있다. STEAM 프로그램이란 과학(Science), 수학(Math), 기술(Technology), 공학(Engineering), 예술(Arts)의 융합인재 교육이다. AP 레벨 및 대학 학점을 미리 취득할 수 있는 수준 높은 프로그램까지 갖추고 있다. 12학년은 AP 위주로 수업하는데 거의 대학 수준이다.

베일러국제학교의 교사는 모두 그리스도인이다. 현재 원어민 선생님이 추가되어 약 40여 명의 교사가 있으며, 교사 거의 모두가 영어를 구사한다. 직원들까지 포함하면 약 50명이 근무하고 있다. 학생들은 그리스도인과 비그리스도인이 대략 반반씩이다. 학교 실력을 인정받으면 믿지 않는 아이들도 기독 학교로 올 것이라고 생각했다고 했다. 그러나 학부모 기도모임이 영향력을 발휘하다보니 믿지 않는 학부모들도 자연스럽게 매일 8시 줌으로 기도회에 참여한다. 교사와 학생과 학부모 모두가 하나님의 나라를 세우는 일꾼이라는 소명의식을 갖게 하기 위함이다.

학생들은 미디어랩에서 리딩(reading, 독서)에 몰입할 수 있다. 미디어랩의 이면에는 도서 마련 등 도움을 아끼지 않는 학부모들의 정성 어린 손길이 숨어 있다. 베일러는 리딩을 중요시한다. 이것을 통해, 학생들의 집중력이 강화되기 때문이다.

미국의 경우, 전반적으로 기독교 학교들의 경쟁력이 많이 떨어진다. 한국의 경우도 크게 다르지는 않다. 소위 명문대에 진학하는 학생 수가 적기 때문이다. 그래서 신앙과 함께 실력있는 학생을 키우겠다는 의지로 베일러를 설립했다. 미국 캠퍼스를 설립했을 때, 첫해 입학생 수는 초등학생을 포함하여 140~150명 정도였다. 초등학교 과정부터 이후에 학생 수가 늘어났다. 그러나 학생 수가 계속 늘어나 200명을 넘어서면 힘들다. 공간에 있어서 한계가 있기 때문이다.

한국 캠퍼스를 세우는 데 6개월이 걸렸다. 첫 입학생 수가 40명 남짓했다. 어떻게 짧은 시간에 세팅하고 학생까지 모집했는지 묻자 너무 너무 힘들었으나 기도의 힘이라고 답했다. 한 예로 학교 설명회나 교회 협력을 구할 때 의아해하는 사람이 많았다. 학교를 설립한다고 하면 어느 정도의 연륜이 있어야 한다는 것이 통념인데 설립자들이 너무 젊었기 때문이다. 그러나 젊다는 것이 장점이기도 하다. 변화에 빨리 적응하고, 빨리 결정하고, 빨리 움직일 수 있기 때문이다.

다행히 오랫동안 해외 대학 진학 컨설팅 사업을 오래 해오면서 얻은 명성과 신뢰가 큰 도움이 되었다. 그러다 보니 알음알음 아이들이 모이게 되었다고 한다. 학교는 빠르게 성장했다.

　첫 캠퍼스를 설립하고 믿음으로 40명을 채운 후 매해 20명씩 학생들을 채워가며 빠르게 성장하였다. 하지만 개교 4년 차에 코로나로 어려움을 겪으며 문득 첫해 아무런 시설이나 명성 없이도 40명을 주셨던 하나님의 기적을 생각하게 되었고, 작아진 믿음을 돌아보게 되었다. 그리고 다시 한번 학부모님들과 함께 40일 작정 기도를 하였다. 이후 코로나 사태를 대비하여 온라인 시스템을 정비할 수 있었고 45명 가량의 학생이 입학하게 되었다. 다시 한번 기도로 세워가는 학교임을 강조하였다. 총 학생 수가 120명이 넘게 되었다. 이렇듯 학교는 빠르게 성장했다.

　현재 학교로 사용하는 건물주는 도서출판 김영사다. 종교는 다르지만, 대안학교를 한다고 하니 선뜻 뜻을 모아주었다. 건물뿐 아니라 필요한 재정도 빌렸다. 대체로 기독교 대안학교는 교회가 직접 설립하거나, 여러 방식으로 교회로부터 도움을 받는다. 그런데 베일러국제학교 설립은 독특한 사례가 아닐 수 없다.

　"김영사 설립자의 종교가 다르다 하더라도 교육에 대한 취지가 같다면 충분히 교육에 대한 가치 그리고 우리가 가진 교육의 경쟁력만 가지고도 좋은 학교를 만들 수 있을 거라 강조하였고 단순히 기독교 교육이기 때문에 교회가 도와야 한다는 식의 무조건적 지원이 아닌 학교의 본질인 '교육'만을 두고 봤을 때 베일러가 충분히 경쟁력이 있다고 판단하셨기 때문에 종교와 무관하게 여러 가지 좋은 조건에서 협의가 가능했다고 생각합니다."

베일러가 학교로 사용하고 있는 건물들은 KLC(한국리더십센터)가 만든 리조트였다. 운영이 잘 안되자 매각을 놓고 고민하던 차에 김영사로 매각하였고 이를 학교로 사용할 것을 제안했다. 이 과정에서 협력하고 소통하는 것이 얼마나 중요한지 경험했다고 한다. 교육에 있어서, 특히 다음세대 교육에 있어서 종교가 장벽이 될 수 없다. 물론 이 학교는 기독교 대안학교로서 본이 되는 학교가 되고자 한다. 즉 기독교 대안학교에 대한 편견을 없애고 오히려 선망하는 학교로 만들겠다는 것이다.

베일러의 주요 목표는 기독교 교육문화를 바꾸는 것이다. 그리고 비그리스도인들에게 기독교 문화가 얼마나 멋진지 보여주는 것이다.

"사실, 저도 '기독교' 하면 뭔가 좀 촌스럽다는 생각을 한 적이 있거든요. 그러나 우리 학교를 통해 기독교의 수준을 높이고 이러한 편견을 깰 것이라고 확신해요."

베일러에는 다양한 배경을 가진 아이들이 모여 있다. 경제적으로 좀 어려운 환경에서 온 학생들도 있고 아주 부유한 집들도 있다. 또 탈북자 가정의 아이도 있다. 이들이 한 가족처럼 지낸다는 것이 첫해에는 어려웠다고 한다. 그러나 지금은 모두가 어울려 잘 지내고 있다. 지금 우리 모두는 믿음 안에서 금수저라는 생각을 가지고 하나의 예쁜 공동체로 잘 지내고 있다고 했다. 특히 학부모 기도회가 잘 활성화되어 학교를 튼튼히 세워주고 있다. 기도를 많이 하는 집 자녀들이 잘 되는 것들을 보며 (꼭 좋은 대학을 가는 것이 아니라 각자의 상황에 맞는 좋은 길을 잘 찾아

갔기 때문이다.) 세상의 가치보다 하나님을 전적으로 믿고 기도하는 것, 학교와 함께 협력하는 것이 중요하다는 것을 알아 가고 있다.

베일러는 작은 학교지만 이 나라의 기독교 교육문화를 바꿀 큰 학교가 되는 꿈을 가지고 있다. 유난히 차별이 심한 이 나라에서 이러한 문화가 기독교 문화로서 자리매김하기 바란다.

먼저 담을 허물라

• • •

"저희가 '글로벌'이란 말을 많이 하잖아요? 글로벌은 영어만 잘하는 것이 아니에요. 세계로 눈을 돌리면 좋은 기술도 많고, 교육방법도 다양하지요. 이런 것들을 다 같이 배우는 것이 글로벌이지요. 그런데도 한국 안에서만 배우려는 사람들이 많아요. 한 예로 유럽은 사회정서교육(Social Emotional Learning)이 매우 발달했고, 미국에는 다양한 커리큘럼이 있어요. 그러한 것들을 가지고 와서 한국 상황에 맞추어 콘텐츠를 만들고, 가르쳐야 해요."

그래서 베일러는 서구의 창조적 교육방식을 동양의 체계적인 교수법을 조화시킨 글로벌 교육모델을 지향한다. 특히 한국형 국제학교라는 별칭에 어울리는 교육을 심층적으로 실행하고 있다. 한 예로 한국사를 아는 것도 중요하지만 그것을 영어로 설명할 수 있어야 한다. 그래서 베일러에서는 한국 역사를 영어로 가르친다. 교육 및 문화의 힘을 사용하여 세계에 긍정적인 영향을 미치기 위해서다. 이것은 곧 글로벌 리더 교육으로도 이어진다.

다른 대안학교와 교류를 하고 있느냐고 묻자, 최근 기독교 대안학교는 물론 지자체, 대학교들과의 교류가 활발해졌다고 한다. 그러나 대안학교가 늘어나다 보니 서로 견제하는 분위기를 느낀다고 했다. 파이 크기가 일정하다는 생각 때문이다. 그러나 베일러는 파이 자체를 넓혀 나가고 있다고 생각한다. 비기독교인들을 아우르고 기독교 문화 안으로 끌어들일 수 있는 역량이 있기 때문이다. 따라서 다음세대와 한국교회라는 공통된 키워드를 축으로 협력체제를 구축하기 원한다. 특히 베일러의 강점인 학습교육 프로그램, 교사교육 프로그램 등을 다른 대안학교 교사들과 나누고 싶어 한다.

미국 캠퍼스와 한국 캠퍼스를 동일시한다. 한국 학교에서 졸업하는 것은 곧 미국 학교를 졸업하는 셈이다. 그래서 아이들은 학기마다 미국과 한국을 오간다. 미국 캠퍼스는 별도로 인가를 받아 학교 고유의 코드를 보유하고 있다. SAT(Scholastic Aptitude Test: 미국의 대학입학 자격시험)를 보려면 학교 코드가 있어야 하기 때문이다. 따라서 미국 대학에 진학하는 데에는 별문제가 없다.

그러나 한국에서는 비인가 대안학교이기 때문에 같은 방식으로 한국 대학에 진학할 수 없다. 별도의 인증과정이 없으므로 우선 검정고시를 치를 수밖에 없다. 학원도 아니고, 학교로서도 인정받지 못한다는 것이 베일러가 지닌 본질적인 약점 가운데 하나라고 말한다. 그러나 국내 대학은 거의 지원하지 않는다. 굳이 미국이 아니라도 싱가포르와 같은 외국 대학에 지원한다.

베일러는 교복을 비롯하여 안성 교육청으로부터 지원을 많이 받고 있다. 국제학교라는 명칭을 달고 있지만, 여느 국제학교와는 달리 귀족 학교와는 거리가 멀기 때문이다. 그러나 법적인 부분에 있어서 풀어나가야 할 과제가 많다. 대안교육법이 통과되긴 했으나 시행령에서 밀고 당기고, 싸워야 할 부분들이 여전히 남아 있다. 국제학교를 대안학교로 인정할 것인가 말 것인가도 하나의 이슈다.

베일러는 법적 규제 안에서 교육을 실행하는 것이 안전하다고 말한다. 그러나 국제학교로서 한국 학제를 따르다 보면 3월에 시작해야 하므로 불편하기도 하고, 교육 활동에도 지장이 있다. 또한 법적 규제가 한편으로는 교육의 공익성을 훼손할 수도 있으므로 가급적 법적 규제 안에 들어가지 않는 편이 나을 수도 있다고 생각한다. 여하튼 이 부분에 대한 고민은 여전히 진행되고 있다.

한 교회 한 학교 세우기를 모토로 하는 우리 입장에서 볼 때, 대치되는 부분이 있지만 탁월한 교육을 한다는 사실을 무시할 수 없다. 한편 베일러의 입장에서는 교회와 연계하지 않는 가장 큰 이유를 교육의 전문성에 두고 있다. 미국의 대다수 기독교 학교들의 경우 운영진이 거의 다 목사님이다 보니 여러 가지 문제가 발생한다는 것이다. 교회의 경우 교육 전문 파트가 없기 때문에 말씀 위주로 간다는 것이다.

생물학을 가르치는 선생님이 성경도 함께 가르칠 경우, 진화론도 가르쳐야 한다. 그리고 왜 하나님의 말씀이 그 우위에 있는지를 가르쳐야 한다. 그런데 생물학을 전문성 있게 가르치지 못한다면 그것은 온전한 교육이 아니다. 이 점에 대해서는 고민을 해봐야 한다. 즉 베일러는 신앙교육과 일반교육이 조금은 분리가 되어야 한다고 생각한다.

동시에 기독교 대안학교를 표방하는 한 교회와 학교가 하나가 되어 교육하겠다는 목표에는 변함이 없다. 그래서 이것을 만족하게 할만한 모델을 구상해왔고, 시범적으로 서울에 마이크로캠퍼스, 즉 작은 모델을 만들어 진행하고 있다.

"앞으로 교회가 텅텅 빌 것으로 생각하거든요. 온라인 쪽으로 가니까. 교회 건물을 활용하는 데 있어서 학교만큼 좋은 것이 없다고 생각해요. 특히 우리나라 교회들이 좋은 위치에 건물도 화려하게 짓잖아요, (사실 울산에 계시는 저희 아버지도 원로목사님이에요.)"

"서울에 있는 저희 마이크로캠퍼스는 소망교회 바로 옆이거든요 한

"미래형 학교를 준비하고 있습니다."

번 가서 보시면 아시겠지만, 완전 오픈이에요. 교육관이고 뭐고. 이런 모델을 통해 학교와 제휴가 되면 그 지역 아이들이 우리와 같은 수업을 받을 수 있어요. 기독교 교육의 전문성에 대한 문제도 해결된다고 생각해요."

배움은 나눔
• • •

베일러 미국 캠퍼스의 경우 교회 건물을 빌리기는 했으나 교회와 직접적인 관계를 맺고 일하는 것은 없다. 한국에서도 많은 교회가 포스트 코로나 시대에 접어들면 비슷한 양상을 띠게 될 것이다. 교회 건물을 효율적으로 사용하는 방법을 모색할 것이고, 이에 대한 해결책으로는 기독교 대안학교 설립이 최선이기 때문이다. 교회가 학교를 설립한다는 것은 외국에서도 보편화되었다고 한다. 다만 일부 교회의 경우 학교가 기업화되다 보니 아이들이 상처를 받는 경우가 많다고 한다.

이러한 현상들을 직접 목격했기 때문에 변사라 대표님과 제프리 선생님은 교회와 협업을 하되 예배와 성경공부에 국한하고, 교육에서는 학교 본연의 영역을 지키는 것이 좋다고 말한다. 그리고 이러한 모델에 대한 정보와 데이터를 확보하고 있으므로 원하면 공유할 수 있다고 말한다. 현재 교육프로그램을 계속 개발 중이라고 했다. 그리고 미국 학교보다 이곳 한국 학교의 수준이 높다고 말한다. 교육에 대한 열정 역시 한국을 따라갈 수 없다고 했다. 미국 학교에 다니는 아이들 가운데 대학 진학을 위한 실력을 쌓기 위해 교환학생으로 한국에 와서 두 학기

정도 공부하고 다시 간다고 했다.

실질적으로는 한국 캠퍼스가 메인 코어(main core)라고 말한다. 제프리 선생님은 교육과정을 전공했기 때문에 이 분야에 있어 전문성이 있고, 미국 이민 2세다 보니 베일러 한국 캠퍼스를 좀 더 세계적인(global) 학교로 만드는 데 유리한 점이 많다. 현재 베일러 미국, 베일러 필리핀, 베일러 한국이 공조체제를 유지하면서 다양한 교육을 진행하고 있다.

베일러 학생 한 명이 저개발 국가 학생 한 명과 연결되어 교육비를 지원하는 One-2-One 프로그램, 글로벌 커리큘럼, 교육 선교여행, 북한 이탈 학생 후원 등 장학금 플랫폼 개발에 초점을 맞춘 글로벌 혁신 센터(GEIC)를 운영하고 있다.

One-2-One 프로그램을 통해 베일러의 아이들은 일대일 국제교육 기회 나눔에 동참한다. 즉 베일러의 모든 학생은 저개발 국가 학생과 1:1로 연결되어 학생들의 교육비를 지원하는 것이다. 이를 통해 베일러라는 학교 이름 안에서 이루어지는 교육의 중요성을 공감한다. 더 나아가 교육은 '나'만이 아닌 '우리'를 위한 것이라는 교육의 진정한 의미와 책임감 또한 배워간다.

한 예로 2017년과 2018년에는 필리핀과 아이티의 현지 학생들 148명이 정식 교육을 이수할 수 있었다. 베일러 필리핀(Valor Philippines)이 필리핀 정식 학교로 인가받게 되었다. 저개발 국가 학생들에게 더 많은 교육 기회를 제공하기 위한 행보는 계속될 것이다. 현재 베일러는 아이들의 학비 일부를 케냐, 필리핀, 인도를 후원하고 있다.

베일러 글로벌 재단(Valor Global Foundation)은 2014년부터 교육 전문가들이 중심이 되어 교육의 불평등 해소와 기독교 교육의 변화를 통해 하나님 나라 확장이라는 큰 미션을 가지고 시작되었다. 이곳을 통해 다수의 기독교 학교들과 연합하여 2016년 미국 오리건주 포틀랜드 지역에 베일러기독교국제학교를 설립한 것이다. 이처럼 베일러의 시작은 고아와 과부와 객을 돌보는 영성에서 시작되었으며 One-2-One 모델을 통해 실천하고 있다. 재단 설립 초기부터 아이들은 학비 일부로 다른 아이들을 후원해야 한다는 것을 전제로 한 모델이다.

아이들은 그리고 자기가 후원하는 아이들을 매년 직접 보러 가는데, 이것이 선교여행으로 이어진다. 3월이면 아이들이 다 같이 모여 선교여행을 떠난다. 1기는 5명, 2기는 6명이었는데 작년에는 14명으로 늘어났다. 이러한 방식으로 아이들은 졸업할 때까지 교실에서 배운 것을 행동으로 옮긴다.

대학 진학

• • •

졸업생 거의 다 미국 대학에 진학했다. UC버클리대학교, 코넬대학교, USC(서던 캘리포니아대학교) 등 미국 내 톱 30위 안에 드는 상위권 대학이다. 갈수록 상위권 대학 진학 학생 수가 늘고 있다. 그러나 단지 좋은 대학에 들어갔다는 것이 자랑거리가 아니다. 아이들이 저마다 자신의 색에 맞는 학교를 택한다는 것을 강조한다. 즉 학교 간판만 보고 입학하지 않고, 각자의 적성과 달란트에 맞는 학교, 학과를 택한다는 것이다. 이를 위해 선생님들은 9학년 때부터 아이들이 자기 색, 자기 길을 찾도록 안내자 역할을 한다. 그리고 상담을 통해 하나님이 주신 소명이 무엇인지 깨닫게 한다. 아울러 사회문제를 인식하고 참여하며 해결책을 제시할 수 있는 역량을 키워준다.

CTS기독교TV가 한 교회 한 학교 세우기 캠페인과 기타 여러 일을 하고 있지만 쉽지 않다. 교회와 부모와 아이들 입장과 목적이 다 다르기 때문이다. 그러나 CTS기독교TV는 선교의 끈을 놓지 않으면서도 대안학교 설립 운동을 확대해 나갈 것이다. 국내에서뿐만 아니라 향후 미국, 유럽, 필리핀, 싱가포르, 중국 등으로 확대해 나갈 것이다. 그리고 국내에서 인정해주지 않는 학력을 인정받을 수 있는 글로벌 스탠더드(global standard)를 마련할 것이다. 이 부분에서는 베일러의 협력이 필요하다. 해외 유명 대학교들과 관련해서는 베일러가 가진 나름의 노하우가 있고, 해외 초중고 프로그램과 관련해서도 강점이 있기 때문이다. 베일러 역시 얼마든지 정보를 공유하며 협력할 태세가 되어 있다. 실제로 평택시를 포함한 여타 도시에서 베일러의 자문을 요청하고 있다. 학교 설립 초기와는 전혀 다른 판세가 된 것이다. 그리고 요청을 받을 때마다 최선을 다해 돕고 있다고 한다. 베일러는 플랫폼 역할을 하면서 앞으로 여러 대안학교와 협력체제를 구축하겠다고 말한다.

한 세대(generation)라고 하면 약 30년을 의미했었지만, 이젠 이것도 옛말이 되어버리고 말았다. 20년, 10년으로 단축되면서 지금은 그야말로 눈을 뜨면 세상이 달라져 있을 정도로 빠르게 변화하고 있다. 기독교 대안학교의 모델 역시 이러한 시대의 흐름에 뒤처져서는 안 된다. 시대를 통찰하고, 앞질러 가면서 문화와 교육을 주도해야 한다. 이것이 기독교 대안학교에 주어진 과제다.

❖ **개요**
- 설립연도: 2017년 9월
- 인가 여부: 비인가
- 주소: 경기도 안성시 보개면 성공길 1, 2
- 운영 형태: 6~12학년 (변사라 대표, 제프리 안 교장 공동 설립·운영)
- 기숙 여부: 통학/기숙사

❖ **교육목표**
- 기독교 교육의 변화와 혁신을 주도한다.
- 21세기 4차 산업혁명을 주도하는 인재를 양성한다.
- 세계를 이끌어갈 글로벌 리더를 양성한다.

❖ **교육과정 및 특별 프로그램**
- 신앙교육: 채플, QT, 기도 모임
- 핵심과목: 영어, 수학, 과학, 사회
- 전 과목 영어로 수업하며, 영어가 부족한 학생을 위해 ELL(English Language Learners) 운영한다.
- 미국 명문대 고교 교육과정(curriculum) 도입
  - World Course Harvard University
  - Engineer your World university of Texas
- 데이터 기반의 학습 성취도 체크로 학생 개개인의 학업 성취도 관리
- 대학입시를 위한 시험뿐만 아니라, AP 레벨 및 대학 학점을 미리 취

득할 수 있도록 하고 있음.
- 4차 산업혁명 인재육성을 위한 STEAM 프로그램 운영
- 싱크탱크(Think Tank)를 통한 참여형 학교 운영(학부모, 학생)

❖ **기타**
- 2016년 미국 오리건주 포틀랜드에 베일러국제학교(VCSI)을 개교했고, 2017년 9월 한국 안성캠퍼스를 개교했다. (리조트를 장기 임대하여 교육환경을 마련했다.)
- 미국의 캠퍼스와 한국의 캠퍼스가 한 학교처럼 운영되어 한국 졸업생에게도 미국 학위를 수여한다.
- GIIC(베일러국제학교 내의 생활담당센터)와 상담 후 기숙사 생활이 가능하며, 주말에는 서울을 왕복하는 셔틀버스를 운영한다.
- 국민일보 2018 기독교 교육브랜드대상을 수상했다.

커버넌트스쿨

조지훈 교장 선생님과 함께

다음세대를 선교사로

• • •

"다음세대 잘 좀 키워주세요. 다음세대가 재산이니까."
늘 내 마음속에 자리 잡은 말로 첫인사를 대신했다.

커버넌트스쿨은 2017년, 경기도 고양시 일산동구 정발산동로에 '기쁨이있는교회'가 설립한 학교다. 설립 전 교회와 부모들이 10여 년간

기도로 준비했다. 처음에는 목회자 자녀 두 명과 성도들의 자녀 10명을 데리고 시작했다. 시작할 때만 해도 주위에서는 과연 이것이 될까 하는 시선으로 바라보았다. 그런데 시간이 지날수록 아이들이 변화하는 모습과 선한 영향력을 발휘하는 것을 보면서 소망과 신뢰가 생겼다. 그런데 어느덧 첫 졸업생을 배출했고, 아이들 수도 늘어나 현재 54명이다.

커버넌트스쿨의 모든 아이는 영성 교육을 통해 세상 속으로 나아가는 선교사를 길러내는 것을 교육목표로 삼고 있다.

"대안학교는 많죠. 그런데 사실은 우리 교회에서 시작한 학교였기 때문에 교회에 주신 사명은 굉장히 명확했습니다. 또 뭐냐 하면 선교하라고, 선교사적 삶을 살 수 있는 아이들을 키워야 한다. 그래서 저희 프로그램에도 선교와 관련된 프로그램들이 꽤 많습니다. 선교사적 삶을 사는, 아니면 더 나아가서 전문 선교사를 배출할 수 있는 그런 학교를 꿈꾸고 시작했습니다."

공교육에서는 절대적으로 불가능하겠지만 커버넌트스쿨에서는 성경적 가치관을 통해 모든 학생이 하나님의 부르심에 합당한 삶을 살 수 있도록 영성 교육을 늘 우선순위에 두고 있다.

오직 다음세대들의 교육을 위해 기쁨이있는교회는 부모 세대들과 함께 대안학교 설립을 준비해왔다. 자녀들에게 성경적 가치관을 심어주는 교육의 중요성을 깨닫게 된 부모 세대들 역시 학교와 가정, 아이들이 하나가 될 수 있도록 함께 실천하며 순종한다.

학교, 가정, 교회는 마치 빛의 삼원색과 같다. 빛의 삼원색은 섞으면 섞을수록 밝아지는 특성이 있다. 학교, 가정, 교회가 한 마음이 되어 기도하고 참여할 때마다 세상을 비추는 빛은 더욱더 밝아진다. 학부모도 아이와 함께 입학한 것처럼 같이 배운다. 학교에서는 신앙 서적과 자녀교육과 관련된 도서를 추천하고 학부모들은 열심히 읽는다. 또한 기도회 참여도 독려한다.

무엇보다 이들 사이에는 신뢰가 존재한다. 아이들 사랑이라는 공통분모 위에 세워진 신뢰이다. 사실 공부를 가르치는 것도 중요하지만 무엇보다 아이들을 어떻게 사랑하느냐가 중요하다. 남의 아이들을 내 아이처럼 사랑한다는 것이 쉽지는 않지만, 부모들의 신뢰를 얻을 수 있는 지름길이라고 생각한다.

일반적으로 대안학교라 하면 공교육의 대안이 되어야 한다. 공교육에서 결여된 부분이나 부족한 부분을 채우는 교육을 해보자는 뜻에서 여러 가지를 시도하고 있다. 우선 커버넌트스쿨의 1교시는 '듣는 마음'이다. 하나님의 말씀을 읽고 묵상하는 시간이다. 성경은 살아있는 강력한 교재다. 커버넌트스쿨은 성경의 인물들을 교재삼아 순종과 정직을 가르친다.

그리고 교과서 중심의 교육에서 부족한 독서를 강화하기 위해 아이들에게 책을 많이 읽힌다. 아이들이 다양한 책을 많이 접할수록 총체적인 사고능력이 길러지고, 시야가 넓어지기 때문이다. 또한 단지 책을 많이 읽는 것에 그치지 않고, 읽은 책에서 알게 된 정보, 느낀 것 등을 발표할 시간을 마련했다.

초등학교 과정은 상대적으로 자유로운 편이며, 기본 학습이더라도 가급적 재미있게 진행하고 있다. 그러나 초등학교 4학년을 넘어선 후에는 교과서와 접목시켜 학교의 요구수준을 높인다. 중학교에 올라가면 검정고시도 준비해야 하므로 여러 학과를 차근차근 준비시킨다.

그리고 세상을 바라보는 시각을 넓히고자 중1 때에는 일본을, 중2 때에는 호주(호주 학교와 연대)를, 중3 때에는 선교지를 방문한다. 요르단을 방문했을 때 아이들은 선생님들과 함께 집회도 참여하고 예배도 드리면서 산 경험을 많이 하고 돌아왔다. 이 아이들이 벌써 졸업을 해서 고등학교에 다니고 있다.

이렇듯 신앙적인 토대를 다진 아이들은 도전정신으로 고등학교에 진학한다. 그러나 아이들은 현실의 벽에 부닥친다. 우선 우리나라의 교육 현실을 체험하면서 자신들이 얼마나 꿈같은 시간을 보냈는지 깨닫는다. 그리고 5-10%의 아이들은 학습에 있어서 자기들보다 월등하다는 것을 확인한다. 이러한 현실 속에서 무너짐을 체험하지만, 자신의 부족한 부분을 인정하고 잘하는 부분은 밀고 나간다. 그리고 하나님이 자기에게 주신 비전과 달란트가 무엇인지 묻는다. 이 과정에서 커버넌트스쿨을 사랑하는 마음이 깊어지는 것을 본다고 했다.

스마트 시대를 살아가는 아이들

● ● ●

커버넌트스쿨에는 영성 교육 외에도 특별한 수업들이 다양하게 구성되어 있다. 정규수업 시간이지만 커버넌트스쿨의 아이들이 학교 앞에 위치한 산에 올라가는 이유는 숲 수업 때문이다. 숲 수업을 통해 하나님이 창조하신 자연과 인간의 조화로운 관계를 어린 시기부터 알게 하는 것은 물론 자연 속에서 누리는 놀이 학습과 체험활동을 통해 자연스러운 성장과 발달을 돕고자 강조하고 있다.

숲 수업, 음악회, 영어캠프, 어학연수, 현장학습 등 다양한 수업을 통해 체험교육을 경험하고 있다. 아이들은 다양한 교육을 통해 자연스럽게 하나님이 자신에게 주신 달란트 들을 발견하고 비전들을 꿈꾸고 있다.

"저희 아버님도 목사님이신데, 제가 어렸을 때 아버님께서 저를 대안학교 교육방식으로 키우셨습니다. 어릴 때부터 배운 것이 크니까 저절로 나오더군요."

조지훈 교장 선생님은 자신의 경험을 이야기하면서 어릴 때부터의 영성 교육을 강조했다. 아버님에게서 배운 그것들이 목회할 때도 튀어나오는 것을 보고 교육의 중요성을 실감했다고 한다. 그리고 이스라엘의 조기교육에 관해서도 연구했다.

"저희가 중동 난민선교를 오래 했습니다. 그런데 IS의 끔찍한 만행을 보고 정말 놀라고 의아해했습니다. 선교학적으로 분석을 시도해도 답이 없더군요, 알고 보니 어릴 때부터의 교육이 문제였습니다. 3~4살 때부터."

이스라엘처럼 아예 4살부터 부모와 함께 교육을 해야 한다는 데에 동의했다. 지금 커버넌트스쿨은 '좋은 나무 성품학교'와 연대하여 아이들 연령을 더 낮추어 가르치려고 한다. 나 또한 유치원 과정이 중요하며, 가능하다면 4살부터도 대안교육을 해야 한다고 생각한다. 초반부터 잘 교육을 하다 보면, 다음 단계로 진학할 때 부모들의 고민과 갈등은 한결 덜 하기 때문이다.

커버넌트스쿨 아이들은 일반학교 아이들보다 정신력(mental)이 강하다. 현실이라는 것에는 늘 장벽이 존재하기 마련이지만 그동안 훈련받은 영성으로 잘 극복해 나간다. 또 다른 예를 들자면 코로나19로 인해 대면 수업이 힘들게 되었을 때, 자기주도학습 훈련이 잘 되어 있는 커버넌트스쿨 출신 아이들은 크게 흔들리지 않고 온라인학습에도 잘 적응했다.

교장 선생님의 말이다.
"어차피 세상 속에서 부딪혀야 한다는 것이 제 교육철학입니다."

초등학교로 시작했다가 반응이 좋아 중학교로 이어지고, 그다음에는 고등학교에 대한 압박이 있기 마련이다. 계속 좋은 학교에 다니고 싶다는 욕구에서 나오는 좋은 압박이라고 생각한다.

조지훈 교장 선생님은 커버넌트스쿨을 만드는 과정에 관해 이야기했는데, 학교를 세우면서 전에 다른 대안학교에 있을 때 배운 좋은 점들을 많이 빌려왔고, 나머지는 선생님들과 브레인스토밍을 통해 개발했다고 한다. 공교육 교사였다가 커버넌트스쿨에 온 분들이 있다. 이분들은 공교육에서 하고 싶어도 할 수 없던 것들을 맘껏 펼치고 있다.

영어는 영어 독서 프로그램을 위주로 시행하고 있다. 또한 온라인 교육 부문을 개발하고 강화할 계획이다. 이를 위해 연구와 투자를 하고 있다. 하드웨어는 이미 다 교체하였고 온라인 교육에 대한 개발을 계속 진행 중이다.

"우리 아이들은 핸드폰 자체가 좀 삶인데 지금 우리 교육은 핸드폰을 바라보지 말라 하는 식으로 온라인 자체를 터부시했습니다. 그러니 충돌이 생기는 것입니다. 이부분에 대해서는 재해석이 필요하다고 생각합니다."

교장 선생님의 말처럼 디지털기기와 미디어의 선기능은 인정해야 하며 빠르게 발전하고 있는 시대를 읽고, 아이들을 읽어야 보다 온전한 교육을 할 수 있었을 것이다. 학교마다 색이 다르지만, 일부 대안학교에서는 핸드폰이나 디지털기기를 아예 금기시하는 곳도 있다. 이에 대해 좋다 나쁘다 내가 판단할 수는 없고, 각 학교의 교육지침과 방안을 존중할 뿐이다.

여섯 살짜리가 부모 몰래 유튜브 크리에이터가 되어 있더라는 말을 하면서 교장 선생님은 덧붙였다.

"'제가 만들었어요. 보세요.'라는 말을 들으면서 얘네들은 이런 걸

밥 먹듯이 쉽고 자연스럽게 하는 세대라는 생각이 들더군요. 커버넌트스쿨은 아직 신생학교이고, 저 역시 젊은 목사이기 때문에 온라인 교육 부문에 충분히 도전해볼 만하다고 생각합니다."

코로나19로 인해 줌(Zoom)을 이용한 비대면 수업이 진행되었으나 몰입도가 떨어진다는 단점이 있었다. 현장감이 없기 때문이다. 그러나 포스트 코로나 시대에는 VR(Virtual Reality: 가상현실)을 이용한 강의가 활성화될 것이다. 그래서 커버넌트스쿨은 이를 대비하기 위해 전문가들을 만나고 필요한 설비를 구축하고 있다.

아울러 커버넌트스쿨을 설립한 기쁨이있는교회는 같은 비전을 소유한 교회들과 연합하고 있다. 다음세대를 위한 일종의 허브 역할을 하는 것이다. 아이들이 학교에서 열심히 배우는 동안 어른들은 이러한 일들을 하는 것이다.

그뿐 아니라 다음세대의 교육에 비전을 품고 있는 사역자들을 세우고 돕는다. 그래서 젊은이 교회 개척 인큐베이팅을 해왔다. 한때 카페교회가 유행이었으나 결과적으로는 거의 다 실패라고 말했다.

"왜냐하면 DNA가 교회랑 안 맞아요."

그런데 학교는 본질상 잘 맞기 때문에 대안학교를 시작하려는 몇몇 개척교회를 인큐베이팅하고 있다. 특히 30대 목사들 사이에서 대안학교 개척교회 인큐베이팅이 매우 고무적이라고 한다. 단 몇 명이라도 대안학교에 대한 관심이 있고, 큰 욕심을 내지 않는다면 얼마든지 시작할 수 있다.

대안학교를 운영해보니 교회에도 도움이 되는 것을 실감했다고 한다. 이를테면 주일학교 아이들이 줄어 모두 힘들어 하고 있는데, 학교 아이들이 와서 새로운 원동력이 되고 있다.

끝으로 일종의 싱크탱크, 또는 신학적 기반을 제시해줄 수 있는 중앙 플랫폼이 필요하다고 했다. 그러나 이것은 개교회가 할 수 있는 영역이 아니다.

교장 선생님은 안타까워하면서 이렇게 말했다.
"지금은 누구를 모델로 삼을 수가 없어요. 어떤 것도 모델이 없으므로 새롭게 길들을 제시해줘야 합니다. 그 부분들은 아마 CTS기독교TV나 타 방송국이나 다른 중앙연합기관에서 해줄 수 있을 것 같습니다. 게다가 CTS기독교TV는 다른 방송국과 달리 연합적 모델이잖습니까?"

충분히 이해할 만한 말이었다. CTS기독교TV 역시 "한 교회 한 학교 세우기 운동"을 하면서 겪었던 일이다. 교회가 좋은 뜻으로 학교를 세웠는데, 대안학교 교사 연수를 할 만한 기관이 없다. 그래서 다음세대지원센터에 정기원 교장 선생님을 모셔왔다. 그리고 대안학교 교사 연수 과정을 녹화하여 65강의 동영상으로 제작했고, 곧 공개할 예정이다. 기존 대안학교의 교사들을 위한 일종의 연수 과정용이다. 향후 완성될 사이트를 통해 온라인으로 보급할 계획이다.

그다음에는 교사 양성 과정을 만들 것이다. 또한, 온라인 교육을 어떻게 할 것인가에 대한 콘텐츠도 연구할 것이다. 이를 통해 교회는 자원(resource)을 절약할 수 있게 될 것이다.

즉 대안학교 교사 연수 과정, 양성 과정 그리고 온라인 교육콘텐츠 제작을 총체적으로 진행할 예정이다. 기독교 교육 생태계를 만드는 일 역시 CTS기독교TV 혼자 할 수 없다. 영성이 필요하고, 네트워크도 필요하다. 이를 위해 여러 교회, 여러 학교의 관심과 협력이 필요하다. 그리고 무엇보다 중보기도가 필요하다.

아울러 비영리단체를 만들어, 국민운동으로 확산시키고, 모금도 해서 어려운 교회를 지원해줄 준비를 하고 있다. (탐방 이후, 2021.07.14. 'CTS다음세대운동본부'가 출범했다.)
기독교 대안학교에서 자라난 아이들이 어른이 되면 CTS기독교TV와 같은 복음전파 방송에도 힘이 되지 않겠는가? 하나님이 지금까지 복음방송을 지켜주시면서 청년들을 키워주셨듯이 말이다.

기독교의 이미지가 실추되고, 코로나19로 인해 이단교와 싸잡아서 비난을 받기도 하지만 '다음세대', '교육'이라는 공동 가치에 모이기 시작했다. 사실 그동안 한국 교회는 내 교회만 잘 되면 된다는 사고에 젖어 있었다. 그러나 지금은 서로 잘잘못을 가릴 때가 아니다. 서로를 비난할 시간이 없다. 하나님의 주권을 믿고 우리 앞에 주어진 일을 성실히 해내기만 하면 된다. 그 일은 다름아닌 대안학교 설립이다.

기독교 대안학교가 해답이다라는 것을 CTS기독교TV 방송의 모든 자원을 이용해서 알리고 도울 수 있는 네트워크를 만들 수 있다. 아마

이것은 10년, 20년 장기전이 될 것이다. 그러나 예수님의 세대에게 절실한 요구다.

❖ 개요
- 설립연도: 2017년 5월
- 인가 여부: 비인가
- 교장 조지훈 목사
- 주소: 경기도 일산동구 일산로 366 큐브 빌딩 2층
- 운영 형태: 0~9학년
 - 기숙 여부: 통학

❖ 교육목표
- 말씀으로 교육하여 세상 속으로 나아가는 선교사를 길러낸다.
- 학교, 교회와 가정이 하나 되어 세상으로 들어갈 세대를 준비한다.
- 진리 안에서 자유를 누리게 한다.

❖ 교육과정 및 특별 프로그램
- 영성 교육: 듣는 마음, 영성 일기, 잠언 하야(히브리어 '하야הָיָה'는 존재 가득 말씀을 채우는 것), 성경 필사, 수요예배, 학생부 활동
- 독서·논설 교육
- 외국어 교육: 영어, 중국어
- 일반교과 교육: 수학, 과학, 사회와 역사, 한문
- 중학생 해외 연수 프로그램: 중1 일본, 중2 호주, 중3 선교지 방문
- 진로 교육: 정기적인 학생 진로상담 및 적성 검사를 통해 학생의 진로 탐색을 적극적으로 지원

- 학생 자치조직 활성화: 학교 공동체를 섬기고 모범을 보이는 리더십 훈련
- IT 역량 강화: 미래 사회에 적응하고 선도할 수 있는 역량을 훈련
- 자기주도적인 학습 역량 강화
- 방과 후 특기 적성 교육

❖ **기타**
- 교육의 이념과 가치를 함께하는 교회들과 연합하고 있다.
- 선교사 자녀, 취약계층 자녀들에게 양질의 교육 기회를 제공함으로써 긍휼을 실천한다.
- 연간 3학기제 운영(1학기-영성 학기, 2학기-통합 학기, 3학기-독서 논술 학기)

벨뷰시티 코딩교육
(벨뷰는 미국 워싱턴주에 있는 도시로 시애틀의 위성도시다.)

19세기를 산업혁명 시대라고 한다면 21세기는 디지털혁명의 시대다. 이것은 곧 모든 분야의 일자리가 디지털과 맞물려 있음을 의미한다. 4차 혁명 시대에는 디지털 기술에 이어 코딩 시대가 될 것이다.

이러한 사실을 진즉부터 간파한 벨뷰(Bellevue) 교육청은 초등학생 때부터 코딩교육을 의무화하고 있다. 그리고 "모두를 위한 코딩교육"을 강조한다. 또한, 벨뷰 시티의 코딩교육은 매우 체계적이고 구체적이어서 우리나라 코딩교육의 모델이 되고 있다. 벨뷰 뿐만 아니라 워싱턴주에 거주하는 유치원생부터 고등학생까지 모두 컴퓨터 교육을 받고 있다. 참고로 우리나라의 경우 초등학생(5학년부터)의 코딩교육이 의무화된 것은 2019년부터다.

초등학생 때부터 코딩을 배우는 아이들에게는 코딩도 여느 과목과 같이 인식되어 전혀 낯설지 않다. 그리고 고등학생쯤 되면 게임을 만들 정도 수준의 코더(Coder)가 된다. 또 대학생이 되면 졸업도 하기 전에 글로벌 대기업의 프로그래머가 된다.

어릴 때부터 코딩교육을 일찍부터 시작해야 하는 이유는 어려워하지 않고 쉽게 친숙해질 수 있기 때문이다. 뒤늦게 가르치려고 하면 적성에 안 맞는다며 배우지 않으려는 학생들도 많아진다. 또한, 역사나 수학과 같은 다른 과목과 접목한 과제를 내준다. 웹 모바일, 게임 개발 등 코딩 교과만 해도 16개가 넘는다.

벨뷰시티 코딩교육 목표와 과정을 간략히 소개한다.

■ **교육 목표**
- 유치원에서부터 시작하여 12학년까지 모든 학교의 모든 학생이 양질의 컴퓨터 교육을 받는다.
- 여아들과 유색인종의 학생들을 의도적으로 컴퓨터 교육에 참여시킨다.
- 특수 교육을 받는 학생들을 포함한다.
- 21세기에 필요한 기술교육: 비판적 사고, 협업, 전산적 사고, 의사소통 및 창의성. 모든 학생에게 모범적인 대학 준비 교육을 제공하여 대학, 직업 및 인생에서 성공할 수 있도록 한다.

■ **교육과정**(12학년제 기준)
- Code.org
  유치원생과 1, 2학년은 코딩교육사이트 Code.org를 사용한다. 연령별·수준별 학습이 가능하며 코딩초보자에게 유용하다. 무료 커리큘럼, 오픈소스를 제공하기 때문에 학생과 교사들은 웹사이트를 통해 코딩을 배우고, 가르칠 수 있다. 한국어도 지원한다.

- 스크래치(Scratch)
  MIT에서 만든 교육용 프로그램이다. 초등학생들은 '스크래치'(Scratch)를 의무적으로 익혀야 한다. 스크래치는 게임이나 애니메이션과 같은 것을 쉽게 만들 수 있도록 고안된 프로그래밍 언어이다. 일반적인 프로그래밍 언어와는 다르게 명령이 블록으로 만들어져 있으므로 마우스로 블록을 당겨 재미있게 프로그램 기법을 배울 수 있다. Scratch ED 10에 접속하면 무료 튜토리얼, 오픈소스를 제공한다. 학생과 교사를 위한 다양한 학습 콘텐츠에 접근할 수 있다.

— ITCH
3~5학년을 대상으로 한다. 한 화면에서 동영상 튜토리얼을 보며 코딩을 직접할 수 있다.

— Code.org CS 디스커버리
6~10학년 대상으로 한 컴퓨터 과학 입문 프로그램이다. 학생들이 문제해결 능력, 프로그래밍, 사용자 중심 디자인, 데이터 등을 이용하여 자신의 웹사이트, 앱, 애니메이션, 게임 등을 개발할 수 있도록 교육한다.

— 테크스마트(Techsmart)
중학생을 대상으로 한 컴퓨터과학기술과 관련된 직업 및 기술 교육 과정이다. 11개의 핵심 컴퓨터 과학 코스와 응용 수업, 코딩교육과 핵심 콘텐츠 분야를 결합한 교과 과정을 제공한다. 코딩교육 관련 수료증을 소지한 교사가 가르쳐야 한다.

— AP Computer science
고등학생을 대상으로 한 자바 프로그램 언어 학습이다.

CTS기독교TV가 바라는
다음세대 비전

'CTS다음세대운동본부'와 함께

"한국 교회 부모 되어 다음세대 세워가자!"
이것은 바로 2021년 7월 14일에 출범한 'CTS다음세대운동본부'의 표어다.

이 시대의 교회가 해야 할 일을 분명히 보여준다. 기독교가 이 땅에 들어온 이후 이 나라를 살리는데 앞장선 많은 인재가 한국 교회가 세운 기독교 학교에서 배출되었다. 이것은 믿지 않는 사람들도 모두 인정하는 역사적 사실이다. 그러나 시간이 흐르면서 시대도 사람도 교회도 많이 바뀌었다. 그동안 폭발적인 성장을 해오던 한국 교회가 어느새인가 자신도 모르는 사이에 벼랑길에 서게 되었다.

한국 교회는 양적으로 부흥하고 성장했지만, 힘을 잃었고, 다음세대들은 교회를 떠나기 시작한 지 오래다. 그야말로 속 빈 강정처럼 되어버렸다. 이제 사람들은 더는 기독교를, 기독교인들을 인정하지 않는다. 오히려 위선의 대명사며, 여러 사회 문제의 주범으로 몰고 간다. 또 출산율은 날로 감소하여 이 나라의 미래까지 위협하고 있다. 그리 길지는 않지만 나라가 위급할 때마다 기독교가 일어났고, 문제를 해결했다. 이제 한국 교회가 일어나야 할 때다. 또 리얼 크리스천(Real Christian)들이 빛을 발할 때다. 코로나19를 통해 얻은 것이 있다면 모양새만 믿는 사람인지 속사람도 믿는 사람인지 확인할 기회를 얻었다는 것이다.

청년들이 안심하고 결혼하고 출산할 수 있도록 도와야 한다. 또 자녀들의 보육과 교육을 도와야 한다. 이 일은 "한 교회 한 학교 세우기 운동"과 맥을 같이 한다. CTS기독교TV는 'CTS다음세대운동본부'를 구심점으로 하여 한국 교회 다음세대 희망 운동을 전개할 것이다. 그리고 이 나라와 한국 교회의 미래를 밝히는 다음세대를 세우는 사역에 동참을 촉구하는 캠페인을 전개할 것이다. 이제 한국 교회는 보육과 교육의 책임을 분담할 것이다. 이를 위해 관련 콘텐츠를 개발하고, 교회와 지방자치단체 간 협력사업을 위한 법적 제도적 지원방안도 마련할 것이다.

이것은 절대 불가능한 일이 아니다. 5만 한국 교회는 이미 하드웨어를 갖추고 있고 다양한 전문 인력도 보유하고 있기 때문이다. 그리고 실제로 이 일을 실행하고 성공한 교회들도 있다. 이것이 전국의 교회로 확대되기 위해서는 우선 교회에 대한 신뢰가 회복되어야 한다.

현재 한국 교회는 다음세대의 위기를 실감하고 있고, 한시라도 빨리 나서지 않는다면 회복의 기회는 영영 사라질 것이라는 데에 공감한다. 다음세대의 위기는 국가적 위기며 교회 존립 여부와 직결된다. 다행히 지금이라도 하나님께서 많은 사람을 일으키시고, 지혜를 모으게 하시고, 행동하게 하셔서 감사하다.

CTS기독교TV는 한국 교회와 교단의 연합 기관으로 설립되었다. 따라서 다음세대 위기와 같은 국가적, 시대적 난제 해결을 위해 앞서 행할 복음적 사명을 띠고 있다. 그리고 이 일에 뜻을 같이하는 한국 교회를 도울 의무가 있다.

'CTS다음세대운동본부' 출범식에서 전했던 인사말 일부를 다시금 글로 전한다.

안녕하십니까.
CTS기독교TV 회장으로 섬기고 있는 감경철 장로입니다.

많은 분의 응원과 격려, 그리고 기도와 후원으로 인해 마침내 오늘 CTS다음세대운동본부가 출범하게 되었습니다. 이 귀하고 복된 날을 맞아 한량없는 기쁨을 느끼며 오직 하나님께 감사와 영광을 올려드릴 뿐입니다.

코로나19 재확산으로 모두가 어려운 가운데에도 이처럼 줌(Zoom)으로, 비대면으로 한마음이 되어 모일 수 있으니 또한 감사하고 기쁜 일입니다. 모든 분의 가정에 건강과 평화가 가득하기를 기도하겠습니다.

앞서 세 분의 총재님께서 대회사를 진행해주셨습니다. 총재님들께서 말씀하신 것처럼 지금 한국 교회는 물론 대한민국의 미래가 큰 위기에 직면해 있습니다. 그 위기의 정체는 바로 출산율의 현저한 감소입니다.

우리나라는 지금 세계사적으로 유례가 없을 만큼 빠른 속도로 출산율이 줄어들고 있습니다. 변변한 물적 자원 하나 없이 오직 인적자원 하나만으로 지금 이 자리까지 온 대한민국이 세계에서 가장 빠른 속도로 저출산 고령화 되는 중인 것입니다. 물론 정부에서도 수백조 원의 돈을 들여 문제를 해결하고자 하였습니다. 그러나 희망이 보입니까? 출산율은 날이 갈수록 더 떨어지고 있을 뿐입니다.

기왕에 돈 이야기가 나왔으니 경제학 이야기를 잠시 해보겠습니다. 21세기 들어 경제학 분야가 성취한 가장 괄목할 만한 업적 중 하나가 영·유아에 대한 투자의 경제학적 가치를 밝힌 것이라고 합니다. 이는 2000년 노벨 경제학상을 수상한 프린스턴대학원 경제학 박사 제임스 해크먼(James J. Heckman) 교수에 의해 주도되었는데요. 이분은 영·유아 교육에 대한 투자가 성인에 대한 투자부터 열여섯 배 나은 효과가 있으며 가령 5세 영·유아에 1달러를 투자하면 60년 후 300달러의 사회적 가치로 돌아온다는 연구결과를 발표하여 세상을 깜짝 놀라게 하였습니다.

20세기 말 지금의 우리처럼 심각한 저출산 문제를 겪고 있던 프랑스, 스웨덴과 노르웨이 등 유럽 국가는 이 연구결과에 큰 용기를 얻었습니다. 그래서 이 국가들은 과감히 의무교육 시작 연령을 3세로 낮추고 교육 투자를 전면적으로 확대하는 국책사업을 시행하였습니다.

그 결과는 놀라웠습니다. 영·유아 보육 문제가 동반적으로 해결됨은 물론 출산율이 반등하기 시작한 것입니다. 프랑스는 1990년대 중반 1.6명까지 떨어진 출산율을 2.0명까지 회복했고 스웨덴은 1980년대 1.5명 수준이던 출산율이 1.85명까지 높아졌습니다. 이후 영국, 네덜란드 등의 국가에서도 영·유아 교육을 강화하였고 최근에는 미국 바이든 정부도 의무교육의 시작 연령을 3세로 낮추는 방안을 발표하였습니다.

이 같은 경제학 이론을 비단 저만 알고 있겠습니까. 정부에 계신 분들도 아이들에 대한 지금의 공교육과 보육 시스템이 더 좋아지고 비용적 부담도 줄어들어야 청년들이 아이를 낳을 것을 알고 계실 것입니다. 다만 그에 필요한 엄청난 시설과 인력, 인프라를 마련하기가 어려운 거겠지요.

우리 한국 교회가 할 수 있습니다. 여러분도 아시지 않습니까. 5만 한국 교회의 주중 유휴시설은 교육 시설로 활용하기 충분하고도 남을 만큼 그 수준이 높습니다. 또한, 교회에는 그 실력과 인성이 흠잡을 데 없는 수많은 청년 교육자들이 준비되어 있습니다. 다음세대에 대한 교육과 보육, 우리 교회가 하지 않으면 누가 할 수 있겠습니까. 우리가 일어나 다음세대 운동을 시작하면 다음세대가 살아나고 대한민국이 바뀔 것입니다.

한국 교회 여러분, 우리 CTS다음세대운동본부와 함께 해주십시오. 그리고 기도해주십시오. 오늘 출범식을 통해 시작되는 다음세대 운동에 하나님의 복주심이 충만하기를 기도합니다.

감사합니다.

에필로그

　교회와 그리스도인들은 시대적 위기에 처했을 때, 하나님의 말씀과 역사 속에서 답을 찾을 수 있습니다. 저는 20여 년 전부터 출산 문제, 보육문제를 이야기했습니다. 그러나 그 당시만 해도 피부에 와닿을 정도가 아니었습니다. 이것은 마치 "앞으로 물을 사 먹는 시대가 올 것이다."라는 말에 "설마?"라며 별 관심을 기울이지 않았던 것과 같습니다. 그런데 지금 어떠합니까? 편의점마다 자판기마다 생수를 팔지 않습니까?

　한국 교회사에 나타난 한국 교회의 초기 기독교 학교 설립을 살펴보면 놀랄 일이 많습니다. 이것이 정말 1백여 년 전의 이야기인지 아니면 오늘날의 이야기인지 헛갈릴 정도입니다. 그 정도로 오늘날과 유사한 점들이 많습니다.

　19세기 말 한국 교회가 학교를 세우게 된 주된 동기는 교인들의 자녀를 가르치기 위해서라고 합니다. 이것은 우리 팀이 기독교 대안학교를 방문했을 때에도 여러 번 들었던 말입니다. 그뿐 아니라 설립 초기에는 아이들 수가 열 명 미만이었지만 한 해 두 해 지나면서 늘어나는 수의 비율도 지금과 다를 바 없습니다. 그 당시에도 경제적 어려움 때문에 문을 닫는 경우가 있습니다. 지금도 마찬가지입니다. 그때나 지금이나 교회가 학교를 설립하는 과정에서 결단과 헌신이 필요한 것도 변함이 없습니다.

> 1905년에서 1908년까지 장로교회의 교회 수는 해마다 100~200개 정도 늘어났으며 또 교회가 설립한 기독교 학교의 수도 해마다 같은 수치로 늘어났다…. 또한, 교회 수 대비 학교 수를 계산해보면 1905년에 평균 세 교회 당 소학교 하나가 설립되었다는 뜻이며, 1907년에는 두 교회 당 소학교 하나 이상이 설립되었다는 뜻이다. 이것은 곧 교회의 활발한 기독교 학교 설립 운동을 대변하고 있다. (임희국 교수[장로회신학대학교] 교회사)

이 얼마나 힘이 되는 내용입니까? '한 교회 한 학교 세우기'는 결코 허황한 구호가 아닙니다. 더더욱 놀랄만한 사실은 그 당시 학교가 없어서 교회가 나서서 별도로 학교를 세운 것이 아니라는 것입니다. 일반학교는 많았지만, 교회가 굳이 기독교 학교를 설립했던 이유는 자녀들에게 믿음의 유산을 남기기 위해서였습니다. 시대를 치유하고 나라를 구하기 위해서였습니다.

안타깝게도 1910년부터 우리나라는 일제강점기에 접어들게 됩니다. 그리고 1945년 해방이 될 때까지 '교육구국운동'은 나라의 주권을 찾는 밑거름이 되었습니다. 지금 한국 교회와 이 나라가 처한 위기도 만만치 않습니다. 출산율은 감소하고 고령화 사회로의 진입은 가속화되었으며, 청년들의 취업문제와 주택문제는 갈수록 심각해지고 있습니다. 이를 위해 정부는 온갖 정책을 실행하고 많은 예산을 투여했지만 별 효과가 없습니다. 이제 한국 교회는 다시 한번 '교육구국운동'을 전개해야 합니다. 교육 운동에는 퇴색한 기독교 정신의 회복이 포함되어 있습니다.

CTS기독교TV는 2006년부터 '생명과 희망의 네트워크 NGO'와 '출산장려 국민운동본부'를 출범하여 캠페인을 펼치고 지원 활동을 해 왔습니다. 그리고 지난 7월 14일 'CTS다음세대운동본부'가 출범했습니다. 다음세대를 위한 교회의 역할을 되짚어 보고, 한국 교회의 지지와 동참을 끌어내기 위해서입니다. 지금 한국 교회는 출산 문제와 다음세대 문제의 심각성을 생생하게 느끼고 있습니다. 더는 신화적 낙관론에 젖어 있을 수 없다는 자성의 목소리가 높아졌습니다.

이제 'CTS다음세대운동본부'는 한국 교회가 지역 사회와 국민에게 교회의 공간과 인프라를 활용하여 다음세대를 위한 섬김의 사명에 동참함으로 시대적 어려움을 극복하기 위한 캠페인과 활동을 펼칠 것입니다. 이를 위해 한국 교회 간의 협력이 절실합니다. 숲을 꿈꾸며 밀알이 되는 것과 동시에 옥토를 만들고 준비하는 것도 중요합니다. 이 일을 한국 교회가 해야 합니다.

서구 유럽의 교회들을 보십시오, 텅 빈 웅장한 고딕식 교회 건물에는 몇몇 안 되는 노인들만 앉아 있고, 사진을 찍느라 분주한 관광객들이 자리를 채우고 있습니다. 아니면 타 종교단체의 사원으로 팔려나가거나 클럽으로 바뀐 곳도 있습니다. 이제 우리는 이것을 반면교사로 삼아 한국 교회에서는 이러한 비극이 생기지 않도록 해야 합니다.

거듭 말하지만, 교회는 지역 사회와 소통을 하고 신뢰를 구축해야 합니다. 그리고 보육과 교육 문제로 고민하는 주민들을 구체적으로 도와야 합니다. 유아 보육, 방과 후 돌봄, 대안교육 등을 시작해야 합니다. 그리하면 교회를 찾는 발길이 저절로 늘어날 것입니다. 학교가 교회를 살릴 것입니다.

기독교 학교의 목적은 예나 지금이나 같습니다. 먼저 "여호와를 경외하는 것이 지식의 근본"이라는 하나님의 말씀을 전하고, 기독교적 전인교육을 통해 복음을 전하고 시대를 이끌어갈 다음세대를 길러내는 것입니다. 색바랜 한국 기독교의 교육이념을 되살릴 때가 왔습니다. 이제 다시금 허리를 동이고 다음세대를 살리고, 한국 교회를 살리고, 이 나라를 살려야 합니다. 하나님도 이 일을 기뻐하실 것입니다.

기독교 대안학교 설립에 대한 개인이나 집단의 의지가 확실하다면 해결책은 늘 존재합니다. 기독교 대안학교 설립에 대해 아직도 두려워하거나 망설이는 많은 한국 교회와 목회자와 그리스도인들이 이 책을 통해 다시금 비전과 소망을 확인하기를 바랍니다.

끝으로 다음세대를 위해, 한국 교회를 위해, 이 나라를 위해 다시금 저를 사용하신 하나님께 감사드립니다.